Fritz Wischer

Lach man mal

Quickborn-Verlag

Die plattdeutsche Schreibweise
ist unverändert vom Autor übernommen worden.

ISBN 3-87651-146-1

Umschlagabbildung: Wolfgang Nagl, Hamburg
Gesamtherstellung: Clausen & Bosse GmbH, Leck
*Der Umwelt zuliebe
auf chlorfrei gebleichtem Papier gedruckt!*
Printed in Germany

Inhalt

Warüm de Nachwächter Detl Bock nachs ni mehr tuten de

Detl Bock weer Nachwächter in Tötendörp. Öwer veertig Jahr harr he sin Posten al verwacht, un dar weer in all düss' lange Tied nich eenmal öwer Detl klagt warn.
Blots in de letzte Tied, dar güng dat los.
Dag för Dag leegen se den Burvagt Hinnerk Steffen darmit in 'e Ohrn: »Wat is dat denn blots eenmal mit unsen Detl? He tut 's nachs ja garni mehr?«
De Buervagt harr al ümmer simeleert, wat dar wul bi to maken weer. Do bemött em eens Morrns de Snieder Krischan Petersen. He weer man 'n lüttn Dreekeeshoch, awer süns 'n basig kloken Mann, de von allns in 'e Welt Bescheed wüß un överall den richdigen Ton angeev. De Wöer, de schoten em man so ut 't Mul rut, as wenn bi 'n Beerfatt de Tappen ut 't Spundlock reten ward, un darbi kreih he jümmers so lud as 'n Hahn; dat keem wul darvon, dat he sülm' n beten wat swar hörn de.
De bemött nu also den Burvagt un fangt ok richdi wedder von Detl Bock an: »Wat is dat

denn eegentli mit unsen Nachwächter? He tut ja garni mehr 's nachs.«
»Heß Du dat ok al markt?« seggt de Burvagt, »von all de Sieden krieg ik dat je to hörn.«
»Ja«, seggt Krischan, »verleden Nach noch eers. Min Trina, de hett sik verköhlt, un denn sleit dat bi er jümmers up de holle Kus'. Un wenn de 'n dicke Back un Tähnweh hett, denn rement se nachs in 't Bett rüm, dat dat man so'n Art hett. Se stangelt mit Arms un Beens, smitt sik von een Siet op de anner, un an Slap is garni to denken. Nu leeg ik denn dar so de ganse Nach, harr noch keen Og tohatt un denk so bi mi: ›Schull Detl Bock ni bald mal tuten? Denn harrs doch wenigstens 'n beten Ünnerhollung.‹ Awers ne, de ganse Nach ni, keen Ton von sik hörn laten! Wat schull dar doch blots eenmal mit em los wen?«
»Ja«, seggt de Burvagt, »denn helpt dat je ni; denn mutt ik em je mal vör 't Brett kriegen. Morrn Namiddag sünd wi ja doch in 'n Krog tohop to'n Meenwarken, denn will ik em mal henkamen laten.«
Den annern Namiddag sitt de Burn je ok, in 'n Krog tohop, hebbt ern Kram besnackt, un de Burvagt lett den oln Detl rinropen.
Detl keem mit sin Godendagstock rin; he weer al wat stümperig to Been un sett sik bi de Dör dal.
»Ja«, seggt de Burvagt, »Detl, ik heff di kamen

laten, Du schuß uns geern mal segg'n, wo dat togeiht, dat Du nachs ni mehr tuten deihst.«

»Ik kann je ni tuten«, säd Detl, un darbi muffel he de Wöer för sik hen as 'n ol Fru, de dat instibbte Kaffeebrot mit de Backenknaken kaun deiht.

»Warüm kanns denn ni mehr tuten?«

»Ja«, seggt Detl, »ik weet ni; awer jedesmal, wenn ik dat Horn ansetten doh, pfhhhh seggt dat denn, un denn gifft dat ümmer keen Ton.«

»Dat 's ja snaksch«, seggt de Burvagt, »denn döcht dat ol Horn wul sach nix mehr.«

»Dat mag wul wesen«, seggt Detl Bock, dat is je al von min Großvadder her brukt warn.«

»Na, denn gah man eersman af, Detl«, säd de Burvagt, »denn wüllt wi dar eersmal över snakken, wat darbi to maken is.«

Un as de Ol rut is, da mellt sik forts Krischan Petersen an 't Wort: »Ik stell den Andrag, dat wi unsen trugen Nachwächter en niges Horn anschaffen doht.«

»Wa sünd de to kriegen?« fröggt de Burvagt.

Krischan Petersen wüß al wedder Rat: »Dar schall in Berlin so'n grote Hornfabrik wen, dar lat uns man mal an schrieben un uns so'n Nachwächterhorn schicken laten.«

Dat ward denn ok annahmen. Se schrivt an de grote Hornfabrik in Berlin un lat sik so'n Horn schicken, un dat Horn is heel smuck un gifft 'n schönen, luden Ton von sik. Un as se nu all mal de Reeg lank dat Horn probeert hebbt, dar geiht de Burvagt darmit na Detl Bock hen un hängt em dat um un seggt: »So, Detl, nu gah dar man mit los; nu warrs Du wul schön darmit tuten können.«

Awer dat duert ni so lang, dar kamt dar wedder Klagen bi den Burvagt, Detl, de tut noch ni nachs.

Dar lett de Burvagt em denn to'n tweeten Mal wedder vörkamen, as se wedder mal in 'n Kaspelkrog tohop sünd, un fröggt em wedder: »Wat is dat denn mit Di, Detl, Du tuts ja noch ni nachs? Von all de Sieden hör ik wedder jeden Dag, uns' Detl Bock, de slöppt je wul de heele Nach, nüms hört em. Wa geiht dat to?«

»Je«, seggt Detl, »ik kann je ni tuten!«

»Warüm dat denn ni?«

»Je«, seggt Detl, »ik weet ni; jedesmal, wenn ik dat Horn ansetten doh, pfhhhh seggt dat, un denn gifft dat ümmer keenen Ton.«

»Wat«, seggt de Burvagt, »wi hebbt doch all dat nige Horn probeert; dat tut doch so wunnerschön, dat Snieder Petersen noch segg'n de, dar kunn man je meiß 'n Konzert up maken, un nu schall dat mit eenmal wedder nich tuten?«

»Ik kann dar awer ni up tuten«, säd Detl, »wenn ik dar ok noch so doll rinpuß, dar kümmt ümmer nix rut.«

»Denn liggt dat ja wul an Di«, säd de Burvagt, »mak dat Mul mal apen!«
Detl mak sin Mundwark apen, un as de Burvagt dat in Ogenschien nahmen harr, dar säd he: »Dat is ok garkeen Wunner, min Ol, dat Du up dat schöne Horn ni tuten kanns; Du heß je garkeen Tähn mehr.«
»Dat is mi ok al meiß so vörkamen«, säd Detl, »'n paar Jahr lang harr ik ümmer noch so'n paar Stubben vör in de Mund, awer de sünd mi so bilütten all wegkrömelt.«
»Dat is denn awer 'n leege Sak för 'n Nachwächter, de tuten mutt«, säd de Burvagt, »dar lett sik je rein garnix bi maken!«
»Schulln se ni noch wedder wassen?« meen Detl so'n beten benaut.
»Dar kümmt sach nix na, ut de Melkjahrn büß Du wul so bilütten rut«, säd Hinnerk Steffen. »Na, denn gah man eersmal to Hus, Detl, denn wüllt wi mal sehn, wat darbi to maken is.«
Detl geiht je af, un as he rut is, fragt de Burvagt: »Wat is denn blots darbi to maken?«
Un as se nu all stillsweegen, dar weer wedder Krischan Petersen dat, de dar Rat wüß. »Wi möt em Tähn insetten laten«, säd he, »dat gifft so'n, de ward ut Potzlahn makt; dat schall al 'n gansen Barg Frunslüd geben, de so'n künstliche Tähns hebbt, un wat bi so'n Frunsminsch makt warrn kann, dat schull

bi so'n oln Nachwächter doch ok wul möglich sin.«

»Dat lücht mi in«, säd de Burvagt, »awer weeß Du ok, wasük un wadenni de Dinger makt ward un wo se to kriegen sünd?«

»In Kiel, in de Holstenstrat wahnt so'n Dokter, de de Tähn makt un insetten deiht; de Smidt hett mi noch körtens vertellt, dat he dat dar an so'n Hus lest hett.«

»Denn dünk mi, weer dat wul dat richdigs, wenn Du un de Smidt mal mit Detl röwerfahrt un mal seht, wat dar mit em to maken is«, meen de Burvagt.

Dar weern se denn ok all mit inverstahn, un de Smidt un de Snieder fahrn an 'n anner Dag mit Detl Bock na den Tähndokter in de Holstenstrat in Kiel, un de meet em denn ok nige Tähn an, un as he se klar harr, dar sett he se em in, un Detl keem heel vergnögt mit de nign Tähn in Tötendörp an. De Burn keemen extra sintwegen an 'n Namiddag wedder in 'n Krog tohop, un Detl müß mit dat nige Horn un mit de schönen witten Tähn Prov tuten. Un as se em denn ordentlich utprobeert harrn, dar säd de Burvagt: »Sieso, Detl, nu gah man wedder los, nu ward de Sak wul gahn!«

Awer dat duer 'n paar Dag, dar keemen dar wedder Klagen, Detl, de tut noch ni nachs.

Dar leet de Burvagt em denn to'n drütten Mal vörkamen un säd: »Wat is dat denn mit Di, Detl,

Du tuts ja noch ni nachs!« un slog orndli vör em up 'n Disch, so weer he in 'e Fahrt!
»Ja«, seggt Detl, »ik kann je ni tuten!«
»Warum kannst denn ni tuten?«
»Ja«, seggt Detl, »ik weet ni; jedesmal wenn ik dat Horn ansetten doh, pfhhhh seggt dat, un denn gifft dat ümmer keenen Ton.«
»Awers Du kunns doch nüligs so schön tuten«, säd de Burvagt, »as Du hier in 'n Krog weers mit dat nige Horn un de schönen nigen Tähn!«
»Ja«, seggt Detl, »dat is dat je man jüs; de Tähndokter in Kiel, de hett to mi seggt, ik schull de Tähn nachs ümmer in Water legg'n.

Klas Butenschön vör Gericht

Klas Butenschön weer 'n groten Burn in Lüttenborsbek bi Kiel. He harr rech 'n beten up de hoge Kant sett in de Jahrn, de he Bur spelt harr. Nu wull 'e noch 'n beten von 't Leben hebb'n un harr sik to Roh sett.

He harr nu den gansen Dag 'n Barg Tied, un wenn he ni to Hus seet un smök, denn güng he to Fell oder to Dörp un keek hier mal in un dar mal in. Darbi harr he nu mal tokieken mußt, wa twee Lüd sik dat Jack vullhaut harrn un darüm schull he nu na Boßholm vör 't Amtsgerich as Tüg.

»Wie heißen Sie?« frog em de Herr Amtsrichter.

»Wat, Herr Amtsrichter«, säd Klas Butenschön, »kenn'n Se mi denn ni? Ik kenn Se doch lang.«

»Daß ich nicht wüßte«, säd de Amtsrichter, »ich habe bisher noch nicht die Ehre und das Vergnügen gehabt, Ihre Bekanntschaft zu machen.«

»Ja, ik bün je Klas Butenschön.«

»Wo wohnen Sie?«

»Ik wahn in Lüttenborsbek.«

»Ihr Alter?«

»Ja, min Ol, de hett dar ok wahnt; awer de is nu lang dot, Herr Amtsrichter!«

»Schwatzen Sie keinen Unsinn! Ich meine Ihr Lebensalter, wie alt Sie sind.«

»Ach so, Se meenen, wa old as ik sülm bün. Ja, töb'n Se mal en Ogenblick, Herr Amtsrichter. Dat heff ik gar ni mal so up 'n Stutz up 't Rieg. Awer ik kann mi dat lich utreken, Herr Amtsrichter. Sehn S', min Swester, de 's 1846 konfermeert, dar weer se 15 Jahr old; un 49 wör dar dat eers Kind born. Ja, een von de holsteinischen Dragoners weer je de Vadder, un he hett er denn ok nahßen je noch heirat. – Un dat Kind is körtens 36 Jahr wen, un min Söhn is een Jahr jünger, also fievundörtig, Herr Amtsrichter. Un ik bün in de letzten Jahrn eegentli ümmer doppelt so old wen as min Söhn, un denn ward ik also wul so wat 70 Jahr old sin, Herr Amtsrichter.«

»Sind Sie verheiratet?«

»Versteiht sik, Herr Amtsrichter«, säd Klas Butenschön, »ik heff ja acht Kinner. Wa schul ik dar süns wul bi kamen sin?«

»Womit sind Sie verheiratet?«

»Ja, wo schull ik wull mit verheiratet sin, Herr Amtsrichter. Mit 'n Fronsminsch natürli.«

»Aber quatschen Sie hier nicht so viel dummes Zeug, das ist doch selbstverständlich.«

»Seggn Se dat ni, Herr Amtsrichter. Dat is lang ni sölbstverständli. Ik heff to'n Bispill 'n Swester, de is – je – de is mit ’n Mannsminsch verheirat.«

»Also, kurz, wie heißt ihre Frau?« – »Anngreten.«

»Geborene?«

»Versteiht sik, Herr Amtsrichter.«

»Donnerwetter, ich meine, was für eine Geborene Ihre Frau ist, welchen Namen sie als junges Mädchen führte.«

»Ach so! Ja, dar heet se Anngreten Brammer. Dat is awer al heel lang her, Herr Amtsrichter. Ünner den Namen kennt er hier in de Ümgegend keen Minsch mehr.«

»Das tut nichts zur Sache! Welche Konfession haben Sie?«

»Je, Herr Amtsrichter, mit min Konfeschon is dat so ’n eegen Sak. Sehn Se, ik bün ja eegentli von Konfeschon Bur; awer ik heff mi dat nu je to’n Harß entseggt un bün nu up ’t Olendeel gahn. Awer wat min Söhn is, de Krischan, Se kennt em seker, Herr Amtsrichter, de hett je nu den schönen Hof övernahmen; un he hett sik körtens...«

»Das gehört ja alles nicht hierher. Was kümmern mich denn all Ihre Privatangelegenheiten. Sie haben hier nur auf das zu antworten, was Sie gefragt werden.«

»Se hebbt mi dar doch na fragt, Herr Amtsrichter.«

»Schweigen Sie! Sie verwechseln überhaupt Konfession mit Profession. Ich meine, was glauben Sie?«

»Herr Amtsrichter, ik glöv, de Sak, de ward wul gahn. Denn sehn Se, wat min Krischan is, de hett je nu de Sted öwernahmen, un he hett sik noch körtens verheirat mit Trina Reimers er öllste Dochter. Jaa, se hett je so'n lütt beten wat von Hüker up 'n Rüch, un se pett 'n beten kort mit dat eene Been, awer se hett düchdig wat in 'e Melk to krömen, Herr Amtsrichter. De Sak, de ward wul gahn.«

»Aber, Herr Butenschön«, säd de Amtsrichter, »wir verstehen uns nicht. Ich meine doch, zu welcher Kirche gehören Sie?«

»Ach so, Herr Amtsrichter, ja, dat harrn Se ok man gliek segg'n kunnt. Ik hör je na Grotenflintbek to.«

»Herrgott, ich begreife nicht – –«

»Gans seker, Herr Amtsrichter, ik bün verleden Sünndag noch dar wen, un wenn se dat ni glöben wüllt, denn künnt Se man den oln Mars Timmermann fragen, de ümmer so vel utspiegen deiht; de hett blang mi seten, un ik heff noch tellt, wavel Mal as he dat bi de Predigt farrig bröcht hett: söb'nunveertig mal weern 't, Herr Amtsrichter.«

»Schweigen Sie!« säd de Amtsrichter, de nu garni mehr wüß, wat he upstellen schull. He keek sin

Sekretär an, awer de trock ok blots mit de Schullern un mak ’n Gesich as ’n Oß, de to’n eerßen Mal in sin Leben ’n Kalv süht.
Up ’nmal awer full den Amtsrichter wedder wat in. He stütt de beidn Hann up ’n Disch, bög sik mit ’n Kopp wied voröwer un bölk Klas Butenschön an: »Glauben Sie denn an Gott?«
Klas Butenschön schot meiß in ’n Dutt un fahr ’n paar Schred torüch.
»Pfui, Herr Amtsrichter«, säd he denn, »wa künnt Se ’n oln Mann so verfehrn! Wiß glöw ik an Gott; al von min Scholtied an. Se holn mi am Enn doch ni gar för ’n Dezimalakrobaten?«
Nu wüß de Amtsrichter wedder ni, wat he maken schull. He löp achter ’n Disch hen un her. Awer denn bleev he mit eens stahn un keek Klas Butenschön an, un dat seeg ut, as wenn em wedder wat infulln weer.
»Sagen Sie mal, Herr Butenschön«, säd he denn gans fründli un natürlich, »kennen Sie Doktor Martin Luther?«
Klas Butenschön keek ’n Tiedlang in ’e Höch, un man kunn em dat ansehn, dat he scharp nadenken de: »Ne, Herr Amtsrichter«, säd he denn na en kort Besinnen, »ne, den kenn ik ni. – Awer dat is je möglich, Herr Amtsrichter, dat he mi kennt. Mi kennt nämli heel vel Lüd, Herr Amtsrichter, un ik heff mi vörhin al wunnert, wat Se mi garni kennen den.«

»Haben Sie denn nie von Doktor Martinus Luther gehört?«
»Ne, Herr Amtsrichter, wenn wi krank sünd – un min Dochter hett vör 'n veer Wekens Tied noch eers 'n Bandworm hatt – denn gaht wi ümmer na Doktor Struv in Kiel.«

De Bischof un de Preester

Dat weer noch in de gans ole Tied, as de Preesters hier to Lann dat noch verbaden weer, sik 'n Fro to nehmen. Dar is dar in so 'n lüt Karkdörp up 'e Geeß mal 'n Preester weß, de is gans hellschen ful weß. So 'n lütt beten Fulheit is je sach ni so slimm, för all'n ni bi'n Preester, wenn he süns man 'n goden Kerl is, de in 'e Welt paßt un em dat Mulwark got up sin Handwark tosneden is. Awer bi düssen Preester is dat meiß 'n beten to dull weß. Dat is sogar de Burn toletz to vel warn, un se keemen öwereen, se wulln den Preester bi den Bischof verklagen un wulln dar mal anfragen, wat he er ni 'n annern Preester besorgen kunn.

Dat den se denn nu je ok. Klas Snoor un Hinnerk Prehn schulln dar up dal. De beiden kunn'n an bessen snacken un wussen dat sach richdi vörtobringen. Un Klas kreeg sin Per ut 'n Stall, mak den Wagen trech, Hinnerk steeg bi em up 'n Bock, un denn gung de Reis' los, na Itzhoe to; dar wahn je de Bischof. Dar weer doch jüs Wekenmark; un se besorgen denn ers, wat se to besorgen harrn, güng'n denn na den Bischof sin Hus und kloppen bi em an. De Bischof weer en heel netten un natürlichen Mann. He nöhm se fründli up un frog er, wat se denn up 'n Harten harrn. Se verteHn denn ok je all, wat se wüssen öwer ern Preester; un dat weer garni so 'n lütten Dutt.

»Dat is doch rein to dull!« säd de Bischof. »Wa kann so wat angahn! Diesen Arbeiter im Weinberge des Herrn werde ich mir doch mal in der Nähe besehen.«

He schick glieks Bott, de Preester schull sik an 'n annern Dag morrns Klock tein bi em melln. »Ihr beiden aber«, säd he to Klas Snoor un Hinnerk Prehn, »Ihr kommt schon eine halbe Stunde früher und wartet hier im Nebenzimmer, bis ich Euch rufe. Wenn 's nötig sein sollte, könnt Ihr dann Eure Anklage in Gegenwart des Herrn Pfarrers wiederholen.«

»Ja, Herr Bischof«, säd Klas Snoor, »dat kann wul angahn. Wi beid'n hebbt hier in 'e Stadt doch noch allerhand to dohn un künnt denn je glieks hierblieben.«

Un denn güng se je af. Ünnerwegs awer klei Hinnerk Prehn sik doch mächdig in 'e Haar un meen: »Du, Klas, wenn uns dat man blots ni begriesmult. Gegen den Preester sin Mundwark, dar künnt wi doch ni gegen an. Gegen 'n Backaben kann 'n ni got anjappen!«

Annern Morrn Klock halwi tein weern de beiden denn wedder up'n Placken. De Bischof leet se in sin beß Stuv dalsitten, un dar seeten se denn, harrn de Mütz in 'e Hand un luern un bekeeken sik de schönen Schilleratsen an de Wänn.

Un in de Stuv blangan, dar keem Klock tein de Preester in de Dör, un de Bischof, de knöp sik em mal gans gehörig vör.

»Herr Pfarrer«, säd he heel ernst un keek den Preester drang an, »es ist über Sie eine große Beschwerde eingelaufen, von Ihrer Gemeinde. Vier Punkte sind es, die man gegen Sie und Ihre Amtsführung vorgebracht hat.«

»Nanu?« säd de Preester, »is doch wul ni mögli, Herr Bischof! Min Burn, de oln dösigen Kerls, hebbt sik över mi beswert? Un dat glieks veermal? Nu, fallt je wul Ostern un Pingsten düt Jahr up eenen Dag. Awer dat help ja ni, denn mutt ik mi je verdiffendeern, denn scheeten Se man mal los, Hochwürden, dar bün ik doch würkli nielich up.« – »Awers«, sett he hento, un darbi trock he en Stück Kried ut de Fick, womit he sünndags mennigmal noch 'n frischen Gesang an de Karkentafel schrieben de, wenn sin Predigt 'n beten gar to kort utfulln weer, »darmit ik dat ok all beholn doh, wat min Burn gegen mi hebbt, will ik mi doch de Punkte 'n lütt beten upschrieben.«

Un denn mak he mit de Kried veer Streken vör sik up den Bischof sinen Disch und stell sik breetbeenig un gottsfürchdig vör den hogen Herrn hen.

»Also«, fung de Bischof an, »zunächst ist behauptet worden, daß Sie das ganze Jahr hindurch, Sonntag für Sonntag, immer dasselbe predigen.«

»Wat!« anter de Preester, »dat seggt de olen Schapsköpp, mit de ik mi Sünndag för Sünndag de allergröttste Möch geben doh, dat ik er man de allereenfachsten Wahrheiten von dat heilige Evangelium inremsen doh? Dar slah eener glieks lank hin, Herr Bischof, dat hebbt de verdreihten Kirls sik wiß un warrafdig ut de Fingern sagen.«

»Nun, wir werden ja gleich sehen, wie die Sache liegt«, säd de Bischof so rech 'n beten von baben dal; un darbi güng he na sin beß Stuv to, mak de Dör halv apen un reep: »Klas Snoor und Hinnerk Prehn, kommt mal eben ein bißchen herein!«

Klas un Hinnerk keemen rin un keeken den Preester, de er bannig fühnsch anglupen de, so 'n beten schaluh von de Siet an.

»Nun, meine Lieben«, säd de ol Herr, »es ist doch so, wie ich sagte, nicht wahr? Ihr erzähltet mir doch gestern, daß Euer Herr Pfarrer Euch jeden Sonntag in der Kirche dasselbe predige?«

»Ja, Herr Bischof, dat is so, as wi seggt hebbt«,

säd'n se dar beid. »Sünndag för Sünndag datsülwige, Herr Bischof«, säd Klas Snoor. »Un min Greten säd noch verleden Sünndag, as wi von de Kark to Hus gung'n: Uns' Preester weet rein garnix mehr to vertelln; ik weet sin gansen Backbeernkram nu al bald von buten.«

»Nun, Herr Pfarrer, was haben Sie darauf zu erwidern?«

»Ja, Herr Bischof, man schull 't ni för mögli holn, wat in so 'n Burnbrägen all to Welt kamen deiht! – Klas?« säd he denn un kreeg Klas Snoor bi 'n Arm tofat, dat he meiß in 'n Dutt schot, »nu segg mi doch mal, min god Jung, wat heff ik verleden Sünndag denn in 'e Kark seggt? Wenn din Greten min Backbeernkram, as se dat nömen deiht, al meiß von buten weet, denn warst Du dat je seker noch beter beholn hebb'n.«

Klas harr sik bannig verfehrt, as de Preester em so drang to Liev gung, un wör miteens gans bisteri un verdwas utsehn. Eers kunn he keen Wort rutkriegen un denn fung he an to stamern:

»J… j… je, Herr Paster, wenn… ik dat doch man ni so stabelbots segg'n schull!«

»Na un Du, Hinnerk Prehn«, säd de Preester wieder, »Du heß doch suns in 'n Krog jümmers dat grot Mul apen. Nu giff Hals, vertell Du mal de Geschich, von de ik verleden Sünndag in 'e Kark snackt heff!«

»Je, Herr Paster«, säd Hinnerk, »ik weet er wiß, de Geschich, awer ik kann mi dat nu so up 'n Stutz ni so gau nadenken un besinn'n!«
»Sehn Se wul, Herr Bischof«, säd de Preester, »düt sünd nu de klöksten, de ünner min Burn begäng sünd; nu mutt ik warrafdig tokamen, Sünndag noch eenmal wedder datsülwige preestern, dat düss' beiden Hamels un denn de annern Schap all endli mal darachter kamt.«
De Bischof wul ers 'n bös Gesich maken, awer de beiden Burn, de dar vör em stahn den, de maken so'n dämli Gesich, dat he meiß dat Lachen kreeg. Un denn, düch em so, harr de Preester ja eegntlich gans rech. He wuß nix to segg'n un trock blots so'n beten mit de Schullern. De Paster awer lick mit de Tung an si Wiesfinger un wisch sik, gans vergnögt, een von de Kriedstreken ut.
»Nun aber zum zweiten Punkt!« säd de Bischof un wör wedder gans ernst und fierlich utsehn. »Es ist behauptet worden, daß Sie nicht einmal im Besitz eines Breviers sein sollen.«
»So, Herr Bischof, wat 's dat denn för 'n Ding?« säd de Preester gans hochbostig, lang in 'e Tasch un kreeg so'n Bedbook rut, wat he sik vonmorrn in de Stadt eers köfft harr. Denn as he gistern na 'n Bischof hen bestellt weer, dar weer em dat mächdig in 'e Mag schaten; he harr över all sin Sünn nadacht un weer sik dat gans richdig ver-

mod wen, dat de hohe Herr sik na allerhand so'n Saken umsehn wör.
De Bischof nehm dat Book den ok in de Hand, keek dat eers von vörn un denn von achtern an und slog toletz en paar Bläd üm. Denn keek he den Preester so' beten fragwies an un meen: »Aber, Herr Pfarrer, das Buch sieht mir so verdächtig rein aus, so merkwürdig sauber!«
»Ja, Herr Bischof«, säd de Preester, »dar kann 'k nix bi dohn; 'n Swien is 'n Swien; min Saken möt sauber sin!«
Dar kunn de ol Herr denn wedder ni vel to segg'n. He smustergrien sogar so'n beten, un de Paster steek dütmal den Dumen in 'e Mund un wisch sik den tweeten Strek weg.
Nu weern dar je awer ümmer noch twee na.
»Nun aber, mein Lieber«, fung de Bischof wedder an, »kommt die dritte Beschwerde, die allerdings, wenn sie auf wahren Tatsachen fußen sollte, außerordentlich belastend für Sie ist. Es wird von Ihrer Gemeinde behauptet, daß Sie nicht einmal den Wortlaut der Taufformel beherrschen und um diese Ihre Unkenntnis zu verbergen, zu allerlei merkwürdigen Bewegungen Ihre Zuflucht nehmen.«
»Na«, dach de Preester, »lat de Welt to Grunn gahn, ik kladder to Böhn.« Un denn säd he lud: »Ja, Herr Bischof, dat 's jüs so'n Snicksnackerie

as all dat anner, un ik weet warrafdi ni mehr, wat ik to all den Dröhnkram segg'n schall.«

»Nun, die Sache wäre ja leicht festzustellen«, meen do de Bischof, »wollen 's doch gleich mal probieren!« Darbi lang he sik von sin Grotvadderstohl so'n runnes, weekes Slapküssen dal, nehm dat up 'n Arm un säd to den Preester: »So, dies soll nun mal das Kind sein. Vollziehen Sie jetzt einmal an ihm den heiligen Akt der Taufe!«

Nu weer Holland in Not. De Preester fung awer doch eersmal an, den Anfang wüß' he noch meiß. Dat duer awer garni lang, denn keem dat man so drüppenwies mehr, he fung an to stamern, un as he toletz gans nix mehr wuß, dar güng ok denn richdig dat Fingereern un dat Hand- und Armslagen los, as wenn so'n Bockmöhl sik in Brand lopen will.

»Aber, Herr Pfarrer«, legg denn nu ok de Bischof los, »was sind denn das für Bewegungen, die Sie da machen?«

»Ach wat!« dach de Preester, »dat 11. Gebot heet: Lat Di ni verblüffen!« He wies up dat Slapküssen, wat de Bischof noch ümmer as 'n Pöppen up 'n Arm höl, und säd gans dries: »Je, awer, Herr Bischof, wat 's dat denn ok för 'n Kind?«

Na, do muß de Bischof wedder lachen un kunn mit dat Schimpen, wat he al up 'e Tung hatt harr, ni so rech klar warrn.

De Preester awer wisch sik heel vergnögt den drütten Kriedstrek ut.
»Aber, nun Herr Pfarrer, kommen wir zu dem vierten, dem letzten, aber heikelsten Punkte. Man sagt, daß Sie mit Ihrer Köchin – hm – daß Ihre Köchin und Sie – hm – na, wie sag ich doch nur gleich? Nun, daß Sie Ihre Köchin – hm – etwas zu sehr lieb haben.«
Dar wör de Preester awer falsch, slog vör den hogen Herrn up 'n Disch un reep: »Dat sünd utgestunkene Lögen, Herr Bischof, dat is Sluderkram un keen wahr Wort is daran. Dat heff ik ni nödig, mi gefalln to laten. Un dat dat ni wahr is, wat düss' Dwallhamels von mi un min Köksch hier in 'e Welt sett hebbt, dat will ik Se forts bewiesen. Ik hol von min Köksch ni mehr, as anner Lüd von er. Laten Se mi Er Köksch kriegen, Herr Bischof, denn künnt Se min kriegen. Ik schik er morrn forts lang.«
»Aber, mein lieber Herr Pfarrer«, full de ol Herr em gau in 't Wort, »wo denken Sie hin? Darauf werde ich mich nie – und überhaupt, was sind das für Redensarten, die Sie sich da mir gegenüber erlauben?«
»Sehn Se wul, Herr Bischof«, säd de Preester, »Se hebbt Er Köksch noch vel leewer, as ik min!« Un darmit dreih he sik kort up de Haken rüm un denn ut de Dör rut.
Na, de Bischof harr öwer den Pfiffkopp von

Preester, de sik so gans ni fatkriegen leet, basigen Spaß hatt un kunn em so rech von Harten garni bös wen un dach so bi sik: »Na, lat 'n lopen! Dat gifft se sachs noch leeger in 'e Welt.«
Awer he reep em doch noch na: »Herr Pfarrer, Herr Pfarrer!«
De Preester dreih sik noch mal wedder um un keek dörch de halv apen Dör: »Na, wat denn noch, Herr Bischof?«
»Sie haben ja den letzten Strich noch nicht weggewischt!«
»Ja, Herr Bischof«, säd de Preester, »dat 's ok garni min Sak; de is för Se!«

Hein Lammers un de Kaiserliche Werft

In de söbentiger Jahrn von 't vörige Jahrhunnert weer Exzellenz v. Stosch Staatssekretär von 't Reichsmarineamt. He harr dat got mit de Marine in 'n Sinn, de för er, wat he kunn, un weer mennigmal in Kiel, üm sik to öwertügen, wa dat um de Kriegsschep un er Mannschaften un all, watt dar süns noch tohörn deiht, bestellt weer. Un dat weer jedesmal so'n lütt Fest, wenn he kamen de, denn Offzeers un Mannschaften harrn em vel to verdanken un em heel un gans in 't Hart slaten.
Nu weer he ok mal wedder in Kiel wen, harr de Werft un en Kriegsschipp besehn un wull sik nu noch gau mal en Instrukschonsstünn vörföhrn laten. Domals geev dat an Bord noch allerhand Originalfigurn; se weern von de Hannelsschep mit övernahmen, harrn sik dar gans na er eegen Art utwussen, weern dörchweg düchdige Lüd up er Rebeet, wenn dar ok ni vel Militärisches in er seet. Exzellenz v. Stosch harr sin Spaß an düt Slag Lüd, un leet se so, as se weern, mit verslieten. Naher, as Caprivi an 't Regeern keem, wör een na 'n annern afsagt un to 't ol Isen leggt.

An Bord von düt Schipp weer nu ok so'n oln Obermeistersmaat, as se dunnmals nömt warn. He harr den schönen Namen Hein Lammers, weer von Profeschon Seilmaker un harr ok dat Magazin an Bord mit ünner sin Kommando. As Magazinverwalter harr he jedes Jahr eenmal wat mit de Kaiserliche Werft to dohn, un darbi harr he jedesmal sin groten Arger. Denn von de hunnert wollen Deken, de he bi de Gelegenheit för sin Schipp verlangen kunn un utlewert kreeg, fehlen ümmer regelmäßig so'n Stücker fiev bet söß. Ob sin Lüd, de sik er Nest an Bord natürli ok so gemütli as mögli inrichen wulln, se nu ünnerwegs klaut harrn, oder nich, dat leet sik ni got faßstelln, genog, de Deken, de fehln, un sin Lüd bleben darbi, de Werft harr er ni mehr gewen, as se bröcht harrn. Keen Wunner, dat Hein Lammers up de Kaiserliche Werft ni got to snacken weer un dat he sin Lüd jedesmal fürchterlich anblaffen de, wenn se mit de wollen Deken ankeemen un sik rutstelln de, dat dar richdi wedder to wenig weern. Un sin Red slöt he jedesmal mit de Wöer: »Ik segg Ju dat nu to'n letzen Mal. Jeder, de up de Kaiserliche Werft wat to dohn hett, de mutt sik vörsehn. Wi Seilmakers eers rech un gans unbannig, süns ward wi ansmert. Un wer sik dar nu noch mal wedder ansmern lett, de kriegt Kassen. Hebbt Ji mi verstahn?«
En paar Dag vörher weer nu wedder de sülwige

Swinkram passeert, un Hein Lammers sin ol Seilmakerhart weer noch vull von Arger, as Exzellenz v. Stosch dat Schipp besöken de. As dat Besehn vörbi un de hoge Besök mit allns tofreden wen weer, dar schull em denn to'n Sluß mal 'n Instrukschonsstünn vörföhrt warrn, un de darto kommandeert wör, dat weer Hein Lammers mit sin Seilmakermannschaft.
»Nun, Herr Obermeistersmaat«, säd de ole Exzellenz, »nehmen Sie mal irgendein technisches Thema das ihnen besonders gut liegt.«
Un Hein Lammers wählt, ahn sik lang to besinnen: »Die Kaiserliche Werft«.
Domals war an Bord von de Kriegsschep noch velmehr Plattdütsch snackt, as hüt. Awer as Deenstsprak weer doch al dat Hochdütsche inföhrt. Hein Lammers fangt darüm ok up Hochdütsch an, kümmt awer ümmer bald wedder in 't plattdütsche Spor rin.
»Stillgestanden! Zur Instukschon. Thema: Die Kaiserliche Werft. Röhrt Euch!«
»Wohin kommen unse Kriegsschepen, wenn sie twei sünd?«
»Auf die Kaiserliche Werft.«
»Wat möt de Lüd dohn, de up de Kaiserliche Werft arbeit?«
»Se möt sik vörsehn.«
»Wer mutt sik vörsehn?«
»De Timmerlüd.«

»Warüm?«
»Dat se de Nagels grad rinhaut.«
»Wer mutt sik süns noch vörsehn?«
»De Malers.«
»Warüm?«
»Dat se de richdige Farv an de richdige Stell hensmert.«
»Wat möt ok wi Seilmakers dohn, wenn wi up de Kaiserliche Werft kamt?«
»Wi möt uns vörsehn.«
»Wadenni?«
»Gans unbanni.«
»Warüm?«
»Süns ward wi ansmert!«
»Womit?«
»Mit die wollen Deken.«
»Un wat gifft dat denn?«
»Kassen.«
»Thema durch!« mell denn Hein Lammers, de Hann an de Büxennaht un mit en Gesicht, dat man dat anmarken de, dat he heel dull mit sik un sin Lüd tofreden weer.
De ol Herr v. Stosch schien ok heel tofreden to sin, denn he lach öwer 't ganse Gesich un säd: »Herr Lammers, das war ja ganz ausgezeichnet. Aber nun hätt' ich doch auch gerne mal ein militärisches Thema von Ihnen gehört. Nehmen Sie mal die militärische Ausrüstung der Kaiserlichen Marine. Können Sie das?«

»Zu Befehl, Euer Exzellenz!«
»Stillgestanden! Zur Instukschon! Thema: Die militärische Ausrüstung der Kaiserlichen Marine. Röhrt Euch!«
»Womit is die Kaiserliche Marine ausgerüstet?«
»Mit dat Modell 71.«
»Wa wied schütt dat Model 71?«
»Tweedusend Meter.«
»Un wenn dat dat ni deiht?«
»Denn is dat kaputt.«
»Un wohen kümmt dat denn?«
»Auf die Kaiserliche Werft.«
»Wat möt de Lüd dohn, de up de Kaiserliche Werft arbeit?«
»Se möt sik vörsehn.«
»Wer mutt sik vörsehn?«
»De Timmerlüd.«
»Warüm?«
»Dat se de Nagels grad rinhaut.«
»Wer mutt sik süns noch vörsehn?«
»De Malers.«
»Warüm?«
»Dat se de richdige Farv an de richdige Stell hensmert.«
»Wat möt ok wi Seilmakers dohn, wenn wi up de Kaiserliche Werft kamt?«
»Wi möt uns vörsehn.«
»Wadenni?«

»Gans unbanni.«
»Warüm?«
»Süns ward wi ansmert!«
»Womit?«
»Mit die wollen Deken.«
»Un watt gifft dat denn?«
»Kassen.«
»Thema durch!«
Exzellenz v. Stosch hög sik bannig. He leet sik dat awer garni marken un dach wul bi sik sülm: Schaß em doch noch mal 'n Thema gewen. Mal sehn, ob he wedder darmit na de Kaiserliche Werft hinglitschen deiht. Denn säd he blots: »Das war ja wieder sehr schön! Herr Obermeistersmaat; aber nun hätte ich gern einmal ein Thema, das über das Benehmen der Leute instruiert. Liegt Ihnen das?«
»Zu Befehl, Euer Exzellenz!« säd Hein Lammers, led sin Gesich in 'n paar irnste Foln, as wenn he swar nadenken de, host 'n paarmal un fung denn an: »Stillgestanden! Zur Instukschon! Thema: die Ehrenbeseugungen der Kaiserlichen Marine! Röhrt Euch!«
»Welches sind die Ehrenbeseugungen der Kaiserlichen Marine?«
»Das Anlegen der rechten Hand an die Kopfbedeckung un dat Vörbigahn in stramme Haltung.«

»Wo grüßt der Mariner durch Anlegen der rechten Hand an die Kopfbedeckung?«
»Up de Strat.«
»Wo süns noch?«
»An 'n Kieler Haben.«
»Un wo grüßt de Mariner dörch Vörbigahn in stramme Haltung?«
»An Bord.«
»Un wo süns noch?«
»Up de Kaiserliche Werft.«
»Wat möt de Lüd dohn, de up de Kaiserliche Werft arbeit?«
»Se möt sik vörsehn.«
»Wer mutt sik vörsehn?«
»De Timmerlüd.«
»Warüm?«
»Dat se de Nagels grad rinhaut.«
»Wer mutt sik süns noch vörsehn?«
»De Malers.«
»Warüm?«
»Dat se de richdige Farv an de richdige Stell hensmert.«
»Wat möt ok wi Seilmakers dohn, wenn wi up de Kaiserliche Werft kamt?«
»Wi möt uns vörsehn.«
»Wadenni?«
»Gans unbanni.«
»Warüm?«
»Süns ward wi ansmert!«

»Womit?«
»Mit die wollen Deken.«
»Un wat gifft dat denn?«
»Kassen.«
»Thema durch!«
De ol Herr müß sik nu al bannig up de Tung bieten, üm ni lostopruschen. Un he dach: »Na, nu giff em man noch mal ’n Thema, denn kriegs em je wul endli mal faß«, un lud sett he hento: »Wieder sehr gut, Herr Lammers, aber sagen Sie mal, können Sie auch Offiziersthemata unterrichten?«
»Zu Befehl, Euer Exzellenz!«
»Gut! Dann sprechen Sie mal über unser Herrscherhaus.«
Hein Lammers dach wedder ’n Ogenblick swar na, slök den lütten Enn Priem, den he noch achder de Kusen harr, dal un fung an: »Stillgestanden! Zur Instukschon! Thema: Unser Herrscherhaus. Röhrt Euch!«
»Wie heißt unser geliebter Kaiser Willem?«
»Unser geliebter Kaiser Willem heet Willem de Eerste.«
»Aus welchem Hause stammt unser Kaiser Willem?«
»Aus dem Haus Hohenzollern.«
»Was is de ›Hohenzollern‹ süns noch?«
»Ein Schipp.«
»Wat makt de ›Hohenzollern‹ in ’n Sommer?«

»Denn fahrt se up de Ostsee.«
»Un wenn se ni fahrn deiht?«
»Denn liegt se in den Kieler Haben.«
»Un wo liegt se in 'n Winter?«
»Up de Kaiserliche Werft.«
»Wat möt de Lüd dohn, de up de Kaiserliche Werft arbeit?«
»Se möt sik vörsehn.«
»Wer mutt sik vörsehn?«
»De Timmerlüd.«
»Warüm?«
»Dat se de Nagels grad rinhaut.«
»Wer mutt sik süns noch vörsehn?«
»De Malers.«
»Warüm?«
»Dat se de richdige Farv an de richdige Stell hensmert.«
»Wat möt ok wi Seilmakers dohn, wenn wi up de Kaiserliche Werft kamt?«
»Wi möt uns vörsehn.«
»Wadenni?«
»Gans unbanni.«
»Warüm?«
»Süns ward wi ansmert!«
»Womit?«
»Mit die wollen Deken.«
»Un wat gifft dat denn?«
»Kassen.«
»Thema durch!«

Dar harr de Herr Staatssekretär eersmal nog von Hein Lammers. Awers as he von Bord gahn de, lach he noch öwer ’t ganse Gesich.

Kaptein Krüzmann sin Pingsfahrt

Kaptein Krüzmann harr sörre eenige Jahrn bileggt un sik in en lütt Fischerdörp an 'n Kieler Haben to Roh sett. Dar verdreev he sik nu de Tied darmit, dat he an de Waterkant överall na 'n Rechten seeg, öwer Wind un Wellen snacken de un de Lotsen öwer de Schep utfrag, de se na 'n Haben rinbugseert harrn. Un abends seet he för gewöhnlich mit 'n paar gode Frünn in 'n Krog un vertell sik mit er öwer ole un nige Tieden.

Dar seet he nu ok hüt wedder – dat weer jüs an 'n Pingssünndag – nöhm 'n düchdigen Sluck ut sin Grogglas un sä: »Tschä, ik mutt hüt ümmer wedder an de schöne Pingsfahrt denken, de ik vör eenige Jahrn von hier na Lüttenborg makt heff. Un wenn ik hunnert Jahr old warr, denn verget ik se doch nich.«

»Wa weer dat denn darmit, Hein? Vertell mal.«

Hein Krüzmann leet sik ni lang nödigen. He nöhm noch gau eersmal wedder 'n lütten Sluck, üm sik de Kehl antofuchten, un denn led he los:

»'n Pingstour wul ik maken, dat harr ik mi eenmal vörnahmen. Mit de Iserbahn fahr ik nu blots, wenn dat dörchut sin mutt, un mit 'n Damper voll Kieler Pingsgäß öwerhaupt ni. Un ik denk: ›Minsch, wa weer dat, wenn du mal 'n Wagenfahrt maken deest. Din Vetter Philipp hett sik körtens eers so'n schönen, gelen Stohlwag köfft. De kunn je man mal anspannen.‹ Na, ik je hin na em, na Labö. Dar hett he sik ja 'n lütt Hus toleggt, as he dat Kapteinspeln upgewen de.

He säd ok forts: »Versteiht sik, Hein. Veer Mann künnt darup sitten. Denn schriev man glieks en Kart an Fieder Repenn un Willem Konrad, se schulln sik Sünndagmorrn Klock negen hier bi mi infindn, denn kunn de Fahrt losgahn. To eten un to drinken mutt sik awer jeder sülm mitbringen.«

Na, dat ward denn ok ja makt. Wi rückt all to rechde Tied an, verstaut unsen Proviant an Bord unner de Bänk un wo süns Platz is up 'n Wagen. Een Korf mit 'n Stieg hart- un weekkakte Eier, Brot un Bodder un denn 'n Buddel goden, olen Konjak. Un as dat nu all an sinen Platz is, dar stiegt wi ok in. Min Vetter, Philipp Krüzmann, is de letz; un ehr he dat Lei losmakt, dar langt he mi noch so'n groten, isern Botsanker hen, de an so'n dickes Tau anbun is, wat ungefähr so dree bet veer Meter lang weer.

»Minsch«, segg ik, »wat wullt du darmit, Philipp?«
»Ja«, seggt he, »so'n Seiln to Landn, weeß du, dat is so'n eegen Art Sak. De ol Wallach is mitunner en beten nücksch, un denn kann he uppen Dot de olen Stinkkassens mit er Tuterie nich utstahn. Wenn se man von vörn ankamt un he süht, wat dat för 'n Deubel is, denn geiht dat noch. Awer, gew de leewe Herrgott, dat uns keen von achtern nakümmt un in uns Neegde anfangt to tuten. Denn is bi den olen Bruder keen Hol'n, denn geiht he af, ümmer den Geruch na.«
»Un dat seggst du nu eers?« segg ik un bün mit dat eene Been al halv wedder ut den Wagen. »To'n Gnickbreken hett Mudder mi keen Verlöw geben, un bi düt schöne Pingswedder ward de Stinkkassens wul von vörn un von achtern kamen!«
»Man ganz ruhig«, seggt he dar. »Darüm heff ik mi dat vör eenige Dag' grad utdacht mit den Bootsanker. Ehr wi uns von den Wallach to'n Kentern bringen un uppen Strand setten lat, ehr seht wi to, dat wi dat Fahrtüch mit Ankerutsmieten to'n Stahn bringen doht. Dar sitt 'n twee Finger dicke Tross' an, dar kann he lang an rieten, ehr he de dörchreten kriggt.«
Na, wi lat uns denn ja ok bereden, un ik mak de Tross' mit 'n paar ordntliche Halvsteken achter an de Achs faß un den Anker nöhm wi an Bord

twischen uns, klar to'n Lossmieten, un denn güng Philipp an 't Stüer, nehm dat Lei in 'e Hand, hau den Wallach en lütten öwern Steert, un denn güng he mit uns af.

Un schön weer dat, dat mutt ik seggen. Äwerall dat frische, junge Grön, den hellen, klaren Sünnschien, de witte Blöt in de Gaarns, de smucken Blöm an de Grabens un up de Wischen un darto links un rechts dat lustige Piepen un Singen von de lütten Vagels. En Pingsmorrn, as he sin mutt; un ik denk jüs so bi mi: »Is doch mal schön, so an 'n Pingsmorrn öwer Land to fahrn; beters giff 't doch eegntli garni.«

Äwer up enmal reep Philipp: »Holt Ju wiß, dar kümmt een, awer Gott sei Dank! von vörn.« Un ehr wi uns rech besunn harrn, jag al so'n graue Stoffwolk mit en fürchterlichen Gestank an uns verbi.

»Is doch mal komisch«, segg ik grad, wenn dar so'n unschüllige Klingelbahn but ward, denn ward eers 'n besonnern Damm makt, Barrieren ward upricht usw., darmit se mit er 10-km-Geswindigkeit jo keen Schaden anstift, un düsse Automobile hebbt dat Recht, mit er Blitztoggeswindigkeit de Landstrat voll Wagens un Spazeergängers unseker to maken!«

Awer ik heff dat ok man knapp rut, dar fangt dar achter uns wat an to tuten, dat dat man so'n Art hett, un Philipp, de röppt: »So, nu hebbt wi de

Pastet! Mak den Anker klar, Hein, nu geiht dat up Leben un Dot!«
Un richdig! So as de Gaul dat Tuten achter sik hört, dar kriggt he dat mit de Angst un leggt los, wat dat Geschirr holn will, un in densülwigen Ogenblick sust un tut so'n gelen Kassen an uns vörbi, un de Gaul in volle Fahrt mit uns achterna, ümmer von de linke na de rechte Grabenkant röwer, dat uns Hörn un Sehn vergung. Wi kunn'n uns knapp up unsen Platz holn; awer een, twee, dree! krieg ik den Anker los un fier em öwer Bord! Dat duer ok keen twee Minuten, dar güng he all öwer de Grabenkant un hak sik in de weeke Eer faß. Bums! stunn de ol Wag, as wenn he faßnagelt weer; wi fulln swapps üm. Willem Konrad mit sin breede Achtersied grad up den Korf mit dat Stieg Eier, dat dat Ganze een Eierpannkoken wör, un Fieder Repenn brök den Konjakbudel den Hals af un reet sik an dat scharpe Glas de nige Pingsbüx twei; ik keem Gott si Dank baben up to liggn. Un in densülwigen Monument dar seggt dat »knack!« un de verdammte Krüppenbieter von Wallach de jagt af un darvon un lett uns mit den Wagen alleen merrn up de Landstrat sitten.
»Ja«, segg ik, »Philipp, de Ankertroß' hett holn, awer de Streng sünd reten. Du harrst den Wallach ok sin Geschirr ut twee Finger dicke Ankertrossen maken müßt. Denn harrn wi nu wieder

fahrn kunnt. Nu sitt wi hier nett to! Nu künnt wi hier den Wagen sülm wedder na Hus schuben. En feines Pingsvergnögen!«
Na, wi sammeln uns Knaken denn ja eersmal wedder tohop un hölpen Willem Konrad, de noch ümmer Röhrei un Schinken markeern de, ut den Korf ruter, un as wi marken den, dat wi all temlich heel bleben weern, dar setten wi uns denn an de Grabenkant, rund üm den Anker rüm, vertehrn de Eier, de noch heel bleben weern un tappen uns ut de unnerste Hälfte von den Buddel noch en lütten Konjak in un drunken een up de schöne Pingsfahrt, up Vetter Philipp un sin Anker un up de schöne Stadt Lüttenborg. Denn an den Dag keemn wi nich mehr hin.
Unsen Gaul harrn se in dat neegste Dörp infungn un keemn dar na 'n Stunnstied mit antrocken. Awer keen von uns wull sik em wedder anvertrugen, sölbst nich mit den Anker an Bord. De Knech kreeg en godes Drinkgeld un muß den Wagen wedder trüchfahrn; wi gungn sach to Fot achterna.
Willem Konrad müß vör uns hergahn, un wi annern dree, wi freun uns ümmer öwer de schöne Klör, de sin hellen Sommeröwertrecker in den Röhreikorf annahmen harr.«
»So weer je noch allns got aflopen«, meen Hein Krüzmann un nehm den Rest von sin Grog, »awer dat 's eenerlei, ik will doch noch leewer in

Storm un Unwedder dörch de spansche See krüzen, as mit so'n verdreihten Wallach, de de Stinkkassens ni verknusen kann, en Pingsfahrt maken!«

De kloke Papagei

Dar is mal 'n Bäcker weß in Säbarg, de hett 'n Papagei hatt, un de Papagei, de is heel klok weß.

Nu hett de ol Bäcker dat so an sik hatt, wenn dar 'n Fro rinkamen is, de wat hett kopen wullt, denn frag he ümmer: »Was wünschen Sie, Madame?« Un wenn dar 'n Herr rinkamen is in 'n Laden, denn frag he: »Was wünschen Sie, mein Herr?«

Dat hett de Papagei sik denn so bilütten ok annahmen. Wenn dar 'n Fronsminsch rinkamen is, un he is alleen in 'n Laden weß, denn frög he jedesmal: »Was wünschen Sie, Madame?« Un wenn dar 'n Mannsminsch keem, denn frög he: »Was wünschen Sie, mein Herr?«

Un he hett sik ni eenmal verplappert; he hett dat ümmer richdig drapen. He hett er je wul an de langen un korten Haar ut'neen kennt. – –

Nu sünd dar mal Zigeuners dör Säbarg kamen. Un de een von de Taters, de geiht na düssen Bäkkerladen rin un will sik 'n Brot köpen oder klaun, wenn 't jüchtens angahn kann.

De Bäcker hett jüs achter in sin Backstuv to dahn, un de Papagei is alleen in 'n Laden wen. As nu de Zigeunerkerl dar rinkümmt na 'n Laden, dar kümmt sik de Papagei so gans langsam von sin Stellasch dalklattert un fröggt mit sin krieschig Stimm: »Was wünschen Sie, mein Herr?«
De Zigeuner verfehr sik bannig un harr meiß dat Brot falln laten, wat he sik al von 'n Ladendisch langt harr.
As he awer markt, dat dat keen Minsch is, de to em snackt, dar kriggt he wedder Mot; un dar schütt em dat so dör 'n Kopp: wenn du den kloken Vagel ok noch mitnimms, denn künnt wi mit den up de Dörpen bi de Burn vel Geld verdeenen, wenn wi em för Geld sehn un snacken lat.
Un een, twee, dree, grippt he sik den Vagel, stickt em bi dat Brot ünner de Jack un denn ut 'n Laden rut.
Dar buten vertellt he sin Kameraden, wat he för 'n Fang makt hett, un denn schickt he een Mann na den Juden Hirsch hen, in de Hamborger Strat, un de mutt dar förn paar Groschen so'n ol Vagelbur köpen. Dar sparrt se nu den Vagel rin un makt, dat se ut Säbarg rutkamt.
Se gaht nu de Landstrat lang na Todesfell to un kamt ok so bilütten na 't Kißdörperwohld to. Dat weer domals noch de Placken in uns' Sleswig-Holsteenland, wo so lich anner Minschen ni

henkamen den; en bös eensam un verlaten Gegend.
Na, de Burn dar, de harrn natürli so'n grön Vagel, de snacken kunn, noch ni mit Ogen sehn un sparrn Nes un Ohrn up, wenn de Zigeuners em sin Künst wiesen leeten. De Zigeuners maken en god Geschäft darbi un weern heel vergnögt, dat se so'n fein Vagel grepen harrn.
Maleens awer, dar harrn se de Dör to sin Vagelbur ni ordntli tomakt. De Papagei, de jüs gans trurig baben up de Stang sitt un sik up den Wagen düchdig dörchschunkeln laten mutt, de markt dat un geiht mit sin krummen Snabel darbi to wrangen, un richdi, he kriggt de Dör gans apen un brickt ut, ahn dat de Taters dat mark. He flügt na 'n Knick rin un de Zigeuners treckt ern Weg wieder.
De Papagei sitt dar eers 'n Stremel gans still un freut sik, dat he wedder de Flünken rögen kann, un denn flügt he los un will sik de Welt mal 'n beten bekieken.
Toletz – dat is mit de Tied Middag warn – dar kamt de Kinner ut de School, un dat duert ok ni so lang, dar hebbt se dat gröne Diert mit den krummen Snabel up 'n Kieker.
»Minsch, Hannis, kiek mal, wat 's dat för 'n Diert?«
»Ja, Korl, wat 's dat? Den wüllt wi uns griepen.«

De Papagei awer, de tövt dat ni af. He denkt, bi de Brüder kunn di dat noch slechter gahn as bi de brunen Taters. He makt, dat he wegkümmt, un de Jungs un Deerns achter em ran.
»Kiek, Hannis«, seggt Korl, »he kann ordntli fleegen, dat 's 'n Vagel.«
»Büß unklok?« seggt Hannis, »dat schall 'n Vagel sin? He krüppt je ümmer an de Eer lang. Dat 's 'n Pogg mit Flünken!«
De Papagei is dat Fleegen je ni mehr so dull wennt un klabastert man so'n lütt beten baben de Eer öwer de Koppeln röwer; dat Görntüch ümmer achter em ran.
So kamt se denn bilütten an 't Dörp ran, jüs up den Burvagt sin Hofsted. De Papagei nimmt sin letzte Kraft tohop un flügt baben na den Burvagt sin Schün rup. Dar sitt he nu un jappt un denkt je wul so bi sik: Na, hier büß du je wul eersmal seker.
De Burvagt steiht jüs vör de Schündeel un süht al von wieden, dat de Jungs un Deerns wat vör sik herjagt un dat da so'n grön Art Diert up sin Schün rupflügt.
»Jungs«, seggt he, »wat hebbt ji dar to jagen?«
»Dar weer so'n grön Diert in 'n Weg, halv Pog un halv Vagel; dat wulln wi uns griepen.«
»Makt, dat ji wegkamt«, seggt he, »dat is min Vagel, de is mi blots wegflagen.«

»Den gripps di sülm«, dach he, »de sitt up din eegen Schün. Den schaß wul kriegen.«
Darmit jag he de Görn von sin Hof rünner, halt sik de grot Ledder un leggt er gegen dat Schünendack.
Denn stiggt he langsam rup up ’t Dack, un as he wied nog ran is, dar langt he to un will den Vagel griepen.
De sitt dar baben up de Fast un kann sik ni mehr rippen un ni mehr rögen, so hebbt se em afjagt.
As awer de Burvagt togriepen will, dar nimmt he sin letzte Puß tosam, de Papagei, un bölkt in sin Angs: »Was wünschen Sie mein Herr?«
De Burvagt verfahrt sik ni slech, treckt gau de Hand wedder trüch, ritt de Mütz von ’n Kopp un seggt:
»Ach, entschuldigen Sie, ich dacht, Sie wär ’n Vagel!«

Hein Becker un de »Heilige Vader«

Hein Becker weer Kaptein in Hamborg. He harr sörre eenige Jahrn bileggt un wahn nu mit sin Fro Kattrepel Nummer öllm, föffter Gang, rechs dat tweete Hus. Dagsöwer bummel he geern so 'n beten an de Vorsetten rum, nöhm de Schepen, de ankeemen un affahrn den, in Ogenschien, un wenn he 'n goden Fründ drapen de, denn vertell he sik geern von düt un datt mit em un drunk darbi in Krischan Göttsch sin Keller, de garni wied von de Vorsetten ableeg, een oder twee Glas Grog. Dat kunn awer ok passern, dat dat 'n paar mehr wörn.

Vör eenige Jahrn weer ik ok mal in Hamborg, un as ik dar so an 'n Haben hendammeln doh, da bemött mi Hein Becker, den ik al vele Jahrn kennen de.

»Goden Dag, Hein, wa geiht Di dat denn?«

»Tschä«, seggt Hein, »mi geiht dat noch ümmer got. Ik wahn ja noch ümmer hier in Hamborg, Kattrepel Nummer öllm, föffter Gang, rechts dat tweete Hus. Wenn Du in de Gegend kümms, kiek man mal in.«

»Wi hebbt uns lang ni sehn, Hein. Kumm, lat uns 'n Glas Grog drinken, un denn schaß Du 'n beten vertelln von de oln Tieden un wat Du all belevt heß.«
Hein güng ok forts mit. Wi vertäun uns in Krischan Göttsch sin Keller achter 'n godes Glas Grog, un dat duer ok ni lang, do weer Hein Becker al bi to vertelln un säd: »Weeß Du eegentli al de Geschich von min Besök bi den Heiligen Vader in Rom?«
»Ne«, segg ik, »scheet man los.« Un Hein nöhm en Sluck von sin frischen Grog un füng an.
»Mal leeg ik mit min Schipp an de Po-Mündung un denk so bi mi: Minsch, Hein, du liegs hier nu jüs an de Po-Mündung. Wenn du nu so den Po rup fahrs, na Rom to, denn kunns du ja forts den Heiligen Vader mal besöken. Dar heß du je al so vel von hört un dat schall ja 'n heel fründlichen un umgänglichen oln Herrn sin. De freut sik seker, wenn dar mal een ut Hamborg bi em ankümmt un em goden Dag seggt. En beter Gelegenheit kümmt för di vielich so bald ni wedder.
Na, ik föhr je denn ok den Po rup, na Rom to, legg dar an 't Bollwark faß un gah nach den dütschen Konsul hen.
»Goden Dag, Herr Konsul«, segg ik.
»Goden Dag, Herr Becker«, seggt he, »wa geiht dat denn?«
»Ja, Herr Konsul, mi geiht dat je noch jümmers

got. Ik wahn ja noch ümmer in Hamborg, Kattrepel Nummer öllm, föffter Gang, rechs dat tweete Hus. Ik leeg grad mit min Schipp an de Po-Mündung un dach, Minsch Hein, wenn du nu bikümms un fahrs den Po rup, nach Rom to, denn kunns du bi de Gelegenheit ja glieks den Heiligen Vader mal besöken.«

»Ja, Herr Becker«, seggt he, »dat dröppt sik mal nett. Ik wull hüt morrn doch jüs na den Heiligen Vader hin, ik heff allerhand mit em to besnacken. Min Kutsch, de mutt glieks vorfahrn. Wenn ik Se inladen dörf, denn künnt Se mitfahrn. Un dat is ok am Enn beter, wenn ik Se anmelln doh, denn kamt Se 'n beten flinker ran. De ol Herr hett vel Tolop un heel vel to dohn.«

»Schön, Herr Konsul«, segg ik, »ik fahr mit. Un denn melln Se mi man an, segg'n Se man, ik weer Hein Becker ut Hamborg, Kattrepel Nummer öllm, föffter Gang, rechs dat tweete Hus; ik harr grad mit min Schipp an de Po-Mündung legen und harr dacht, Minsch Hein, wenn du nu bikümms un föhrs den Po rup, denn –«

»Ward makt, Herr Becker«, seggt de Konsul, un darmit föhrt de Kutsch al vör. Wi stiegt in un föhrt denn je dörch Rom, dörch so'n breede Strat un denn öwer so'n grot Brüch, Ponte Caneh, glöv ik, heet se, un kamt denn ok toletz na den Fatikan ran, dat is'n gans grot Hus, un so'n breede Trepp geiht na de grot Dör rup.

As wi dar nu baben staht, kamt ok glieks so'n paar Lüd up uns tostörrt, geewen den Konsul de Hand un frögen, wamit se em deenen kunnen. De Konsul wies denn ok je forts up mi un säd: »Hier, Herr Kapitän Becker aus Hamburg, der den Heiligen Vater mal besuchen möchte, und hier Herr Kardinal So und So un da Herr –« Awer de Namens heff ik ni beholn, mi düch, dat weern all so'n Art Hunn'namens.

»Is al got, Herr Konsul«, säd ik denn, »latens man got sin, för Namens heff ik all Tied 'n slech Gedächtnis hatt. Awer, Herr Kardinal, schull dat wull möglich sin, dat ik den Heiligen Vader hüt wul noch to sehn kreeg?«

»Ja, Herr Becker, ich will mein Möglichstes tun. Der alte Herr ist allerdings sehr beschäftigt. Aber, ich will Sie jedenfalls melden.«

»Ja, Herr Kardinal, dat dohn Se man. Seggn Se man, ik weer Hein Becker ut Hamborg, Kattrepel Nummer öllm, föffter Gang rechts, ik harr grad mit min Schipp an de Po-Mündung legen un harr dacht, Minsch Hein, du liegs hier nu jüs an de Po-Mündung; wenn du nu bikümms un föhrs den Po rup, na Rom to, denn kunns du bi de Gelegenheit je glieks den Heiligen Vader mal besöken.«

»Herr Kapitän«, seggt dar de Kardinal, »dat ward den Heiligen Vader seker freun, so vel as ik em kennen doh. Denn will ik Se man forts melln.«

Darmit geiht he af, un dat duert garni lang, dar

kümmt he al wedder torüch. »Herr Becker«, seggt he, »de Heilige Vader is nu so wied. He will Se sehn.«
Na, ik gah nu je mit den Mann dörch so'n langen Gang, links un rechts an jede Siet gans hoge Pielers, un denn dörch 'n grot Dör, wedder dörch 'n langen Gang un denn staht wi mit 'n mal vör so'n gans grote gollne Port. En paar Bedeenten riet de Dör apen, un denn stah ik in so'n groten Saal, de von all de Sieden blitzen un blänkern de, as wenn de Wänn ut luder Gold un Marmor weern. Mi wör doch meiß 'n beten benaut to Mot. Ik keek mi na alle Kanten um un seeg denn toletz ok richdig güntsiet von den Saal den Heiligen Vader up so'n hogen Thron sitten. He harr en finen langen Mantel an un so'n Art Kron baben up 'n Kopp. Ik keek mi em denn je 'n Tiedlang an un will mi so bilütten wedder ut de Dör rutdrücken. Awer dar röppt he mit eenmal gans fründli un natürli:
»Goden Dag, Herr Becker, kamen S' man ruhig 'n beten neger.«
»Goden Dag, Heiliger Vater«, segg ik, »woher kennen Se mi denn?«
»Je«, seggt he, »Se sünd doch, as mi seggt is, Hein Becker ut Hamborg.«
»Ja«, segg ik, »Kattrepel Nummer öllm, föffter Gang, rechs dat tweete Hus. Ik leeg grad mit min Schipp an de Po-Mündung un denk so bi mi,

Minsch Hein, du liegs hier nu jüs mit din Schipp an de Po-Mündung. Wenn du nu bikümms un föhrs den Po rup, na Rom to, denn kunns du bi de Gelegenheit je glieks mal den Heiligen Vader besöken.«

»Ja, Herr Becker«, seggt de Heilige Vader do, »dat hett mi bannig freut, dat Se de Gelegenheit wahnahmen hebbt un de sware Fahrt den Po rup ni schugt hebbt. Nu seggn Se mal, wat dörf ik Se vörsetten? En Glas Win? Oder wüllt Se leewer en Glas Grog hebbn?«

»Ja, Heiliger Vader«, segg ik, »ik gah je ni geern von dat af, wat ik von lütt an wennt bün. Am leevsten drink ik je 'n Glas Grog.«

»God, Herr Becker«, seggt he do, »wüllt Se em kold oder wüllt Se em hitt hebbn? Kolen Grog heff ik hier glieks prat stahn.«

»Mit den kolen Grog, Herr Heiliger Vader«, segg ik, »is dat ni vel anners as mit dat kole Beer. Man verköhlt sik dar verdammt licht den Magen mit.«

»Is ok nix in 'n Weg, Herr Becker«, seggt he do. »Se künnt ok en richdigen stiewen, hitten Grog hebbn. Dat duert blots en lütten Ogenblick länger. Ik will eben mal min Hushöllersch Bescheed seggn, dat se 'n Ketel voll Water up 't Für sett. Töben S' man 'n Ogenblick.«

Darmit steiht he von sin golln Thron up un geiht ut de Dör rut, vergitt awer in de Il, de Dör achter sik totomaken. Un do kümmt dar mit 'n mal so'n Tuchwind up – in de Po-Gegend is dat je mennigmal mächtig tuchig – un de fat achter de Dör, un de Dör, de fallt mit 'n bannigen Knall in't Slott.

»Un von den infamigten Knall wak ik up«, säd Hein Becker, »un do mark ik, dat ik den gansen Kram blots drömt harr.«

»Minsch!« säd he denn un slog mit de Fust up 'n Disch, »weer ik blots ni so krüsch wen un harr den kolen Grog nahmen, den he för mi prat harr, denn harr ik em wenigstens hatt!«

Darmit drünk he ut, un ik säd: »Krischan Göttsch, lat uns noch twee kriegen, awers rech stiev un hitt.«

Von den Grotknech Krischan in Tötendörp

In Tötendörp seeten eenmal de Knechen un de Deerns abends up grot Del – de Bur un sin Fru de weern up Nawerschopp gahn – un vertelln sik Geschichen un kreihn un juchen un lachen, dat weern Spaß antohörn. Blot de Grotknech Krischan de seet den Abend gans still in 'e Eck un säd garnix. He harr so'n lütten Hüker un stödd so'n beten mit de Tung an, awer nich bi 't Eten, blots, wenn he snacken de.

Dar säd'n se to em: »Krischan, vertell doch ok mal 'n Geschich.«

»Ik will Ju geern en vertelln«, säd Krischan, »awer i-i-ik w-w-weet ja man keen.«

»Weeß den ok keen Radels?«

»J-j-ja«, seggt Krischan, »R-R-Radels w-w-weet ik 'n gansen Barg; awer r-r-rad'n doht Ju se doch nich.«

»Giff man up, Krischan«, säd'n se dar all, »raden wüllt wi se sach.«

»J-j-ja«, segg Krischan, »denn w-will ik Ju se g-g-geern upgew'n; a-awer r-r-rad'n doht Ju se doch nich.«

»Vertell man mal, Krischan!«
»Denn w-w-will ik Ju e-e-eers mal 'n F-F-Frag vörlegg'n, säd Krischan. »Segg mi mal, w-w-wat is g-g-g-großarig?«
»Jaa, großarig is ja 'n gansen Barg.«
»Ja«, segg Krischan, »segg man eers mal wat.«
»Großarig is de Kieler Haben.«
»Ja«, segg Krischan, »de ok, awer düt nich.«
»Na, denn segg mal, wat is denn großarig!«
»Denn w-w-will ik Ju dat segg'n«, säd Krischan. »Großarig is, wenn de E-E-Elefant in 'e W-W-Weeg liggt un de Steert b-b-bummelt bito.«
»Awers nu will ik Ju denn o-ok noch m-mal 'n R-R-Radels upgewen«, säd Krischan; »a-a-also, d-d-dat h-h-hangt i-i-inne Slapstuv, u-u-un d-d-dat is witt, u-u-un man drögt sik dar de H-H-Hann in af. W-wat is dat?«
»Krischan, dat 's ja 'n Handdok!«
»N-n-ne«, segg Krischan, »d-d-d-dat 's l-l-lang keen Handdok.«
»Awer 'n Handdok hangt doch in 'e Slapstuv un dat 's doch witt un dar drögt man sik doch de Hann in af.«
»J-j-j-ja«, segg Krischan, »d-d-dat kann ja geern sin; düt is awer k-keen H-H-Handdok.«
»Wat is dat denn?«
»J-ja«, segg Krischan, »Ji wüllt ja rad'n, nu r-r-rad't man.«

»Ja, wenn dat keen Handdok is, künnt wi dat ni rad'n.«
»Heff ik Ju d-d-d-at ni g-gliek seggt, w-wat Ji d-d-dat ni rad'n künnt?« säd Krischn.
»Na, wat is dat denn? Segg man, Krischan!«
»Na«, seggt Krischan, »denn will ik Ju dat man segg'n; d-d-dat is 'n r-r-r-rökerten Aal.«
»Awer, Krischan! 'n rökerten Aal, 'n Spickaal, hangt ja doch ni in de Slapstuv!«
»J-j-ja«, segg Krischan, »k-k-kanns e-e-em dar ja man eenfach h-h-hinhäng'n.«
»Awer, Krischan, 'n Spickaal is ja doch ni witt!«
»J-j-ja«, segg Krischan, »k-k-kanns em j-j-ja man eenfach w-w-witt anstrieken!«
»Awer, in 'n Spickaal, dar drögt man sik doch ni de Hann in af!«
»J-j-ja«, segg Krischan do, »d-d-dat k-k-kanns denn ok ja man n-n-nalaten!«
Krischan weer nu awers in Gang kamen un säd: »Ji k-k-künnt so f-f-fein rad'n, d-d-dat heff i-i-ik ja markt; d-d-darüm will ik Ju d-d-denn man noch e-e-een upgewen. A-a-also, d-d-dat flügt in de L-Luft un is swart un h-h-hett v-v-veer Been; w-w-wat 's dat?«
»Krischan, dat 's wul 'n Kreih!«
»A-ach w-wat«, segg Krischan, 'n K-K-Kreih h-h-hett doch k-keen veer Been!«
»Krischan, denn 's dat wul 'n Katt!«

»A-ach w-wat«, segg Krischan, »'n Ka-Ka-Katt ka-ka-kann doch ni f-f-fliegen!«

»Krischan, denn 's dat wul 'n Schosteenfeger!«

»A-ach«, segg Krischan, »'n Schosteenfeger k-k-kann doch ok ni f-f-fliegen un h-h-hett doch eers rech keen veer Been! Awer de da segg'n de, dat weer 'n Kreih, de weer dich darbei; dat s-s-sünd t-t-twee Kreihn!«

»Un nu will ik Ju noch e-e-en upgewen«, säd Krischan wieder. »A-also, d-d-d-at flügt i-i-in de Luft u-u-un is swart un h-hett söß Been; w-wat is d-d-dat?«

»Krischan, dat sünd dree Kreihn!«

»N-n-n-e«, segg Krischan gans drög, »d-d-d-at 's 'n Fleeg!«

Krischan weer nu al meiß in Sweet kamen. Awer dat weer ümmer so, wenn 'e sweeten de, denn mak em de Arbeit am meißen Spaß. Un so bleev he denn hüt abend noch 'n beten bi un säd:

»Na, d-d-denn hört mal t-to; d-d-denn w-w-will ik Ju noch een upgewen. A-a-also, d-d-dat is 'n Säugetier, un d-d-dat is w-witt, un d-d-dat k-kann von achtern eb'n so dull kieken, a-as von v-vörn.«

»Awer, Krischan, 'n Säugetier, wat von achtern kieken kann, gifft dat ja doch garni!«

»J-j-ja«, segg Krischan, »ik segg Ju a-awer, d-d-dat i-i-is ’n Säugetier, u-un d-d-dat is witt, u-un dat k-kann von a-achtern eb’n so d-dull k-k-kieken, as von vörn.«

»Dat künnt wi wedder ni rad’n, Krischan, segg man mal, wat is dat?«

»D-d-dat will ik Ju s-s-segg’n«, segg Krischan, »d-d-dat i-i-is ’n b-b-blinn Schimmel!«

Up ’n mal klopp dar een an de Blangdör. »O«, segg Trina, »dar klopp wen; schall ’k mal tosehn, wer dat is?«

»Ja«, segg de lütt smuck Anna, »kiek man mal to.«

Trina mak de Dör so’n lütt beten apen un röppt na de Del rup: »Ach, dat ’s de nige Verwalter, de eers ut Bramborg kamen is; schall ’k ’n rinlaten?«

»Ja«, segg Anna, »dat ’s de mit de glönigen swarten Ogen, de so fein dansen kann, lat ’n man rin.«

De Verwalter kümmt rin.

»’n Abend meine Herrschaften! Na, wat machen Sie denn alle so vergnügt uf eenen Haufen?«

»Ja«, segg Krischan, »wi v-vertellt u-uns ü-ümmer Geschichen, u-un d-d-denn g-gevt wi u-u-uns ümmer Radels u-up, de wi n-naßen ümmer n-n-ni rad’n künnt!«

»Rätsel«, segg de Verwalter, »weiß ich ’ne janze Menge. Passen Se mal uf, ich werde Ihne jleich mal eins ufjeben. Also, dat Erste läuft, dat Zweite läuft und bei det Janze, da haben die Franzosen jelofen.«

»J-j-ja«, segg Krischan, »för de Loperie sünd wi garni so dull h-hier b-bi uns i-in Sleswig-Holsteen!«

»Halloh«, segg de Verwalter, »Sie wollen Witze machen. Damit lösen Sie keine Rätsel. Sie müssen der Sache uf 'n Jrund jehn!«

»U-u-up 'n Grund g-gaht wi hier bi uns de Saken ü-ü-ümmer«, segg Krischan, »ö-ö-öwerhaupt, w-w-wenn wi B-B-Boddermelk un K-Klümp eten doht!«

»Na, ik sehe schon, Se raten dat doch nich!« seggt de Verwalter, »denn werd ik Ihnen dat sagen. Det is de Katzbach. Ne Katze läuft, 'n Bach läuft, und bei det Janze da haben die Franzosen Kloppe jekriegt von 'n Jroßen Fritz un sind davonjehüpft.«

»Ja«, segg Krischan, »dat stimmt, un dat is ok richdig. A-a-awer d-dat heff ik al v-v-vel fröher i-i-in de School lehrt. A-a-awer nu w-w-will ik Di m-mal e-e-een upgewen von w-wegen d-d-de Lo-perie; d-d-dat rads Du ö-öwerhaup nich.«

»Na, denn schießen Se man mal los!«

»A-also«, segg Krischan, »dat Eerste löppt, dat Tweete löppt, u-un dat Drütte löppt nich. Wat 's dat?«

»Dat Eerste läuft, dat Zweite läuft un dat Dritte

läuft nich?« säd de Verwalter un dach 'n Ogenblick scharp na, »det weeß ik nich; det kann ik nich raten.«
»Ja«, segg Krischan, »datt heff ik mi gliek dach. D-denn w-will ik D-Di dat ok man forts s-segg'n. Dat sünd m-m-min Kinner!«
Krischan harr lang in Tötendörp deent, un dat gefull em dar bi sin Buern gans basig. Darüm weer sin Fründ Johann ok meiß up 'n Rüch fulln, as he eens Dags Krischan mit sin rod Taschendok, wo he sin Handharmonika inknütt harr, up de Landstrat in Borsbek dröp.
»Wo wullt Du denn hen, Krischan?« frog he.
»J-je«, segg Krischan, »ik will mi verännern.«
»Wa kümmt dat denn blots?«
»M-m-mi g-g-gefull dat dar ni mehr.«
»Warüm dat denn ni? Du kreegs dar so'n schön Lohn, un öwer de Koß, sädst Du ümmer, kunns Du gans ni klagen.«
»Ja«, säd Krischan, »d-d-dat is awer jüs vonwegen de Koß.«
»Waso denn? Vertell mal!«
»J-ja«, segg Krischan, »vör 'n h-halv Jahrs Tied d-d-do segg ik to unsen Herrn: Uns' Herr, segg ik, dat ol Kalv süht so klori ut de Ogen, i-i-ik glöv, d-dat ol Kalv is krank! Ach, seggt he, Krischan, dat deiht nix, wi stekt dat ol Kalv af un et dat up. Un dat h-hebbt w-w-wi denn je ok dahn. Wi hebbt d-d-dat ol Kalv afstcken u-u-un hebbt

d-d-dat upeten un d-d-dat hett ok je wunnerschön smeckt.
Un v-v-vör 'n Viddeljahrstied d-d-do segg ik t-t-to unsen Herrn: U-u-uns' Herr, segg ik, d-d-de ol Farkensög d-d-de süht so verdwaß u-u-ut d-d-de Ogen; i-i-ik glöv, de ol Sög, de is krank! Ach, seggt he do, Krischan, dat deiht nix, denn stekt wi de ol Sög af un et er up. U-u-un dat hebbt w-w-wi denn je ok dahn. W-w-wi hebbt er afsteken un upeten, u-un dat h-hett o-ok all wunnerschön smeckt.«
»Na, un denn wullt Du nu doch so unklok wesen un Di verännern, bi all dat schöne Eten?«
»J-j-ja«, segg Krischan, »l-l-lat mi man eers u-utsnacken. N-nu is v-vör 'n acht Dags Tied d-d-de ol G-Großmudder k-k-krank warn u-un h-hett sik l-l-leggt; u-un d-do dach ik: S-so, Krischan, n-nu ward T-Tied; n-nu p-p-pack m-man d-din p-p-paar Plünn t-tohop u-un mak, d-dat du w-wegkümmst.«

De verkeerte Smolttünn

An'n Süüdstrand vun Petersdörp, de arig wat breder is as na'n Norrn to, wo dat Bad liggen deit, weern mal'n ganze Reeg Tünnen andreven, all vull vun dat schönste Smolt. Wilm Jeß ut Süderdörp un Jann Lindemann ut Westerdiek weern ok gliek morrns, so graad as dat Water torüchgaan weern, an'n Strand, um Utkiek to hooln na dat, wat de Störm in de letzt Nacht möglicherwies ranweit harr, un as se nu de Tünn'n wies warrt, dar trünnelt se sik gau'n paar darvun tohoop. Denn maakt se een so'n beten apen un kiekt mal to, wat dar binn' is: dat allerfeinste Swienssmolt. Junge, Jung, dat weer di aver wat!
As se nu darbi sünd, sik dat uttoklamüstern, wa se de Dinger am besten an't Huus kriegt, dar röppt Wilm mit eenmal: »Minsch, dar kümmt'n Wagen! Dat is de Strandvaagt, wat nu?«
»Woneem?« fraag Jann. He weer wat swach up'e Ogen un kunn bannig slech kiken.
»Dar günt, vun't Bad her. In twe Minuten is'e hier.«

»Ja, denn helpt dat nix!« seggt Jann. »Nu harr ik mi al so rech freut up'n schöön Avendbroot mit 'n rech dick besmeert Smoltbroot, nu warrt dat wedder mal nix darmit.«
»Na, Lüüd«, seggt de Strandvaagt Peter Otto, as he rankamen weer, »sünd jüm ok'n beten an'n Strand?«
»Ja, wi wulln mal seen, wat dar wat andreven weer. Hier liggt je allerhand Tünns. Dar schient Smolt in to wesen.«
»Ja«, seggt de Strandvaagt, »dat is mi al seggt worrn un darüm bün ik mit de Waag hier. Dat loont sik vundaag. Jüm kunn mi'n lüttje bet sammeln helpen. Mien Knech is mit Ossen na Tönn. Ik betaal jüm, as sik dat höört.«
»Ja, denn man to«, seggt Jann, »wi sünd nu je doch mal hier.«
Un nu kunn'n se je ni goot anners. Nu müssen se em sammeln helpen. He faart den Strand af un de annern beiden ümmer achterher, un wo'n Fatt leeg, dar smeten se dat up'e Waag rup. De Strandvaagt freut sik, dat he mit so wenig Arbeit utkümmt hüüt. He bruuk gar nich runner vun de Waag: faart ümmer so liekweg, de Ogen na vörn up'n Kiekut, un wenn he'n frisch Tünn wies warrt, denn wiest he blots mit de Pietsch, un Jann un Wilm möt dar up dal.
»Minsch«, seggt Jann to Wilm, »dat weer doch man schaad, wenn he mit all de Fööt an't Huus

keem. Wat will de Fiskus mit all dat schöne Smolt. Weetst wat? Wi wüllt man sachen en paar wedder rünner smiten. He markt dat wul nich. Wenn een daalfallt, muß du hosten.« Darmit kladdert he rup up'e Waag un birrt so, as wenn he de Tünns en beten faster verstaun will. Un as de Strandvaagt nu jümmers wider faart, smitt he so unverwaarns een Tünn na de anner hendal. As Wilm dremal den Hosten hatt harr, höört he up. Meer riskeer he nich.
As se nu'n ordentlichen Stoot wider sünd, seggt Wilm: »Na, Strandvaagt, wider bruukt wi je sach ni mit. Wi wulln geern bet Middag wedder an't Huus wesen. Denn Adüüs ok!«
»Adüüs«, seggt Peter Otto, »dat Geld künnt jüm sik mal bi mi afhaaln. Veeln Dank ok.«
De beiden gaat heel vergnöögt wedder torüch un trünnelt sik eer dre Tünn'n över'n Sand na de Dünen to.
»Wa maakt wi dat aver nu mit dat Deeln?« seggt Jann. »Wi hebbt dre Tünn'n. Dat geit man wat slech up.«
»Dat wüllt wi wul krigen«, meent Wilm. »Ik haal gau mien Saag un denn saagt wi de een Tünn dörch, denn kriggt jeder annerthalf. De beiden ganzen Tünn'n graavt wi uns hier eerstmal in un haalt se uns, wenn't sik paßt, un de halve sleept wi uns up'e Nack na Huus. Denn heppt wi foorts hüüt avend wat up Broot.«

Dat lüch Jann in, un so, as Wilm seggt harr, worr dat ok maakt. De beiden treckt mit eer halve Tünn Smolt up'n Rüch af. Wilm na'n Süden to, Jann na'n Norrn.
Nu müß Jann dicht bi't Bad vörbi. De Klock weer so bi öllm rum, dar weern al veel Badegäst ünnerwegs, un Jann riskeer dat nich, mit de halve Smolttünn ganz bet na Westerdiek to lopen. Darbi harr em ok lich de Kunterlör oder de Wachtmeister bemöten kunnt. Nee, dat weer beter, he smeet dat halve Fatt hier eerstmal mank de Dünen in de Dann. Denn kunn he sik dat so gegen Avend, wenn't düster weer, haaln.
Na, he smitt sien Smolt mank de Dannen, markt sik de Städ, wo he't versteken hett un geit vergnöögt na sien Kösel un itt Middag. So bi Klock een rum geit he na Naver Boyens to'n Gravenklein. – Dat weer'n bannig drögen Sommer; de Gravens weern utdröögt, un dat Vee leep vun een Fenn na de anner. – As he so hento Klock fief darmit ferdig is, denkt he: Nu büß du so schöön hungeri; wenn du di nu ut de Tünn en beten Smolt haaln däs, dat weer so övel nich, denn kunn di dat Avendbroot noch eens so goot smekken.
He maak sien Escher ganz blank un schier, lett sik vun de Fru en groot Stück Papier geven un geit denn loos in de Dannen rin, wa he sien half Fatt versteken hett.

»Sü«, seggt he bi sik sülm, »hier is de hoge Dann un tein Schritt wider lang – na de Siet weer dat je wul – dar liggt se.«
He peddt sik de Schreed af, böögt de Dannen vuneen un süüt dar ok richtig wat Wittes rutlüchen. He faalgt sien Papier vuneen, nimmt den Escher un will sik dar nu so'n Smoltstück vun'n paar Pund rutsteken. He will jüß anfangen, dar warrt de Smolttünn mit'n mal lebennig, springt up un fangt gresig an to schrien: »Hilfe! Hilfe! Er will mich morden!«
Jann Lindemann verfeert sik as nix Godes, un as he sik dat nu besüüt, dar steit dar vör em so'n dickes Fruunsminsch, en Badegast, bevert an'n ganzen Liev un bölkt as unklook.
Se harr dar mank de Dannen in'n Sand legen, harr in'n Book leest un weer darbi indruselt. De Been harr se wol so'n beten hochtrocken hatt un nu harr Jann de witten Unnerkledaschen för sien Smoltfatt anseen un weer eer meist mit de Escher to Liev gaan. Nu bever he ok an'n gansen Liev un wuß ni, wat he anfangen schull vör Angst. He stunn dar, as wenn he een vör'n Bleß kregen harr. De Oolsch aver bölk ümmer duller: »Su Hilfe, su Hilfe! Lieber Mann, tun Se mer nichts! Hier is mein Geld! Nehmen Se's hin!«
»O, o«, seggt Jann toletzt. »Ik wull Se je gar nix doon. Ik will ok keen Geld hebben. Ik wull mi blots 'n beten Smolt haaln.«

»Ich hab doch kein Schmalz bei mir«, reep de Oolsch. »Wie kann ich Ihnen geben Schmalz. Hier haben Sie Geld, gehn Sie hin un kaufen Sie sich'n paar Pfund.«

In de Ogenblick keem ok al eer Mann anstörmt, de'n beten lang legen harr, un dat duurt ni lang, dar stunn dar al allerhand Badegäst, de in de Neegd wesen weern un dat Geschrich höört harrn, um eer rum.

»Nu, was is denn hier los?« fraag de Ool. »Warum schreiste denn so, Rebekka?«

»O waih, o waih!« reep se. »Ich schterb vor Angst. Hatt ich gelegen zwischen den Tannen und war eingeschlafen, und da wollt er auf mich losstoßen mit der blanken Schaufel da. Da bin ich aufgewacht und denn is über mich gekommen die Angst und hab ich gerufen um Hilfe!«

»Herr, wie kommen Sie dazu«, bröök nu de Mann loos, »zu überfallen meine Frau und zu schlagen mit dem scharfen Ding da. Ich werde Sie lassen einsperrn. Ich bin der Kommerzienrat Bernstein.«

»Unerhört! Solche Frechheit! So was am hellen Tage! Gemeiner Überfall! Straßenraub!« So gung dat nu vun alle Siden up den armen Jann loos.

De kreeg dat ümmer duller mit den Bevern. He wuß ni, wat he maken un seggen schull. Aver seggen muß he nu doch wat. So fung he denn an

to stamern: »Ik – ik wull – wull mi doch man blots en paar Pund Smolt haaln.«
»Was wollten Sie holen? Schmalz? Is meine Frau vielleicht 'n Schmalzladen? Wie kommen Sie dasu, daß Se wolln holen von meiner Frau Schmalz?«
»Ach was!« repen de annern, de dar in'n Krink rümstunn'n. »Faule Ausrede, dummes Zeug!« Un en Berliner meen: »Der Kerl muß jleich einjebuchtet werden. Kommen Se man jefälligst mit, juter Freund. Ik wohne im Strandhotel. Da is heut jrade de Deichkommission zum Essen, un der Herr Landrat un der Amtsvorsteher sind auch dabei. Da können Sie jleich vernommen werden.«
Na, nu holp dat nix. Se nemen Jann in de Mitt un susen mit em af, na't Strandhotel, un dar rin mit em na de Gaststuuv. Vör't Billard muß he sik mit sien Escher upstelln. Fiede Heidbarg, de Kröger, neem för Schreck sogar sien Zigarr ut'n Mund, as de velen Lüüd dar dörch sien Veranda ringrööln kemen.
»Nanu«, fraag he, »wat is hier denn loos?«
»Raubüberfall, Mordversuch!« reep de Kommerzienrat. »Wir müssen den Herrn Amtsvorsteher sprechen. Schicken Se sofort nach'n Wachtmeister. Der Mann muß eingesperrt werden!«
De Amtsvorsteher weer in'n Saal un keem ok

glieks an. »Na, wat geit hier denn vör?« froog he. He weer'n ooln Mann von um un bi söbentig Jaar, mit vulle witte Haar un en freeschen Baart ünnert Gesicht, ut dat'n paar fründliche blage Ogen rutkeken.

Nu neem de Herr Kommerzienrat dat Woort: »Denken Se sich, Herr Amtsvorsteher, er hat meine Frau wollen berauben. Hat se gelegen in den Tannen im Sand und hat geschlafen. Da hat dieser Mann da se überfallen, hat nach ihr gestochen mit'm Spaten. Wosu? Er hat se wollen berauben, hat ihr nehmen wollen die Uhr und's Geld!«

»Wat?« sä de Amtsvorsteher, as he sien goden ooln Jann Lindemann so bedröövt dar staan seeg. »Büst du mit den Escher up de Fru loosgaan? Is dat waar? Wo keems du darto?«

»Ja«, seggt Jann, »dat is je man blots, dat ik mi in de Tünn verseen harr.«

»Waso in de Tünn verseen?« fraag de Amtsvorsteher.

»Is meine Frau vielleicht 'n Tonne? Sie sind ja ein ganz unverschämter Mensch, Sie!« kriesch de Kommerzienrat dar mank.

»Wat harrst du denn in de Dünen mit den Escher to doon?« fraag de Ool wider. »Nu vertell mal allns orndli de Reeg na.«

»Ja, dat weer ja man, dat ik mi mit den Escher en beten Smolt rutschrapen wull«, seggt Jann.

»Da hört sich denn doch alles auf!« faar nu wedder Herr Bernstein wütig dartwischen. »Wie kommen Se dasu, von meiner Frau Schmalz holen zu wollen. Hab ich vielleicht 'ne Schmalzfabrik geheiratet?«

»Na, nu vertell man wider, Jann«, sä de Amtsvorsteher, aan sik veel um den annern to kümmern: »Wosaken wuß du denn in de Dünen Smolt haaln?«

»Ut de halve Tünn«, seggt Jann.

»Wa keemst du denn aver darto, de Fru mit dien Escher to slagen?«

»Ik heff eer je garni slagen, ik wull je blots eerst anfangen to schrapen.«

»Warum heß du eer denn schraapt?«

»Ik wull mi je man blots Smolt haaln!«

»To'n Dunnerwerder! De Badegäst, de dar in de Düün liggt to slapen, hebbt doch keen Smolt bi sik.«

»Ja, dat is je man, dat ik mi in de Tünn verseen harr. De anner liggt sach'n paar Schreed na de anner Siet vun de hoge Dann.«

»Welke anner Tünn?«

»Ja, de halve Tünn mit Smolt. De harr ik dar morrns in de Dann liggen seen un wull mi dar nu blots 'n beten rutschrapen to Avendbroot.«

»Also, dar leeg 'n halve Tünn mit Smolt in de Dannen? Wa mag de dar wul henkamen sien?« fraag de Amtsvorsteher.

»Ja, dat weet ik ok nich«, seggt Jann, »de warrt de Kinner dar wul hentrünnelt hebben.«
»Kann wesen!« seggt de Amtsvorsteher, den nu so bi lütten en Licht upgüng. »Du wuß de Fru also gar nix doon?«
»Bewaar mi«, seggt Jann, »Nee, bi'n Deuwel! Ik dach, ik weer bi de richtige Smolttünn togang. Aver as ik jüß anfangen wull to schrapen, dar keem de Tünn up'nmal in Enn un fung gresig an to schreen. Ik bün je man wat swach up to Ogen un heff sach eer witte Tüüch mit den Smolt verwesselt. Wenn ik wußt harr, wat't wesen dä, Herr Amtsvorsteher, denn weer ik dar wiß un waarhaftig nich up dal gaan.«
»Na«, seggt de Amtsvorsteher, »denn ga nu man to Huus, Jann, un itt dien Broot hüüt avend aan Smolt. Över de halve Tünn snackt wi morrn meer. Dat best weer, du leverst se hüüt noch bi'n Strandvaagt af.«
Jann schööv sik af, sien Escher up'e Nack.
»Sie haben gehört, Herr Kommerzienrat, wie der Mann dazu gekommen ist«, sä de Amtsvorsteher. »Es ist eine ganz harmlose Sache. Der Lindemann hat sich natürlich eine Tonne Schmalz vom Strand geholt – dort soll allerhand angetrieben sein – hat die halbe Tonne in den Dünen zwischen den Tannen versteckt, hat sich nun etwas Schmalz zum Abendbrot holen wollen und hat,

da er sehr schlecht sieht, Ihre Frau mit dieser Schmalztonne verwechselt.«
Rebekka seet up'n Stool, heel sik de Hann'n vört Gesicht un stöön noch ümmer as nix Godes.
»Unerhört!« reep de Kommerzienrat. »Wie kann er meine Frau verwechseln mit 'ner Schmalztonne! Das glaubt ihm kein Mensch! Er hat se wollen berauben wollen.«
All keken se nu na Rebekka röver. Un as se so rech breet darseet, dach wul mennicheen: »Kunn doch sach angaan.« Se kunn'n sik man knapp dat Lachen verbiten, un een na'n annern drück sik ut de Gaststuuv rut, um buten luuthals loostoplatzen.
De Kommerzienrat dach ok wul, beter, du swiggst still. He neem sien Rebekka unnern Arm un trock mit eer af. Sien Oolsch aver worr vun nu an nich anners nöömt as de Smolttünn, un wo he sik mit eer seen leet, dar sän de Lüüd: »Kiek, dar kümmt de Ool mit Jann Lindemann sien Smolttünn.«
Un wenn Jann mit sien Escher up Arbeit güng, denn frogen em sien Navers: »Na, Jann, wullt du wedder to'n Smoltschrapen?«
Keem he aver mal dörch't Bad, denn weer glieks so'n Krink vun Badegäst um em rum. »Na, Herr Lindemann, wolln Sie wieder auf die Schmalzsuche? Wie war denn die Sache eigentlich?«
Un denn muß Jann vertelln un denn slööt he

jümmers mit de Wör: »Dat weer je man blots, dat ik mi in de Tünn verseen harr. Warüm drägt de Badegäst ok so veel witt Unnertüüch. Wenn mien Oolsch dar legen harr, denn weer dat sach nich passeert. De harr ik ni mit'n witten Smolt verwesseln kunnt.«

De kole Slag

Detl Martha waan in so'n lütt Kaat dicht achter de ooln Sommerdiek, twischen den un de Dünen, de Dannen un Kiefern, de dar anplannt weern, sik al to en gadli un schöön Holt utwussen harrn. Sien richdigen Namen weer Detl Harder, aver he worr in't ganse Kaspel nich anners nöömt as Detl Martha, un dat keem darvun her, dat sien Martha in't Huus dat Seggen harr un meisttiets för em dat Woort neem, wenn dar mal'n Naver inkiken dee.

Dat weer dar man bannig eng un beknepen in den ooln Kösel mit de lütt Leemdeel, Köök, Waan- un Slaapstuuv, un de Böön hung eer so siet övern Kopp, dat Detl sik ümmer bücken müß, wenn he mal dört Huus güng, um ni mit'n Vörkopp gegen de Balken to rammen, de so dick weern, dat se dat lütt Dack, wat se dregen schulln, gar ni up Reken harrn. Detl weer al ganz duuknackig darvun worrn. Un nu eerst sien Martha; de weer noch'n ganz Deel länger wussen as he.

Wat'n Wunner, dat se geern'n beten, »höger rut« wull. Se harr al siet Jaaren meist Dag för Dag ümmer beed un prangelt, se wull'n gröter Huus hebben, de Kaat möß umbuut warrn, de Stuven schulln gröter un höger warrn, oder ok dar muß wat anbuut warrn oder so. Se kunn dat in den ooln dumpigen Kösel ni länger uthooln.

Wenn se sik wat in'n Kopp sett harr, denn leten eer de Gedanken so licht ni wedder loos, un wat se in sik harr, dat muß se ok wedder vun sik geven. Un snacken kunn se as'n Book. In fief Minuten vertell se meer as'n gewönlichen Minschen in tein; de Wöör överslogen sik meist, wenn se eer mank de Tän rutflogen. Aver dat gung eer noch nich gau noog; darum beet se vun de enkelten Wöör, wo't man jichtens angaan kunn, noch jümmers'n lütt Stück af. Denn schaff dat beter.

Aver bi de Arbeit weer se jüß so flink. Se hulp hier mal mit un bald dar mal, överall, wa flinke Hänn nödig weern un bruukt worrn, un harr sik in de Jaarn al'n paar hunnert Daler op de hoge Kant leggt. Se sorgt ok darför, dat Detl wat torüchleggen dä; wenn't as Diekarbeiter ok ni veel lonen dä; se harrn ok je noch'n paar Deemt Land un veel bruken se ok för sik sülm nich.

Detl weer mit de Jaarn jümmer duuknackiger worrn, sien Gesich, vull vun Schrumpeln und Fooln, weer ünner't Kinn, an de Backen un up'n Kopp vun witte Haar inraamt; aver sien lütten Ogen keken noch gans plietsch in'e Welt, mennichmal ok so'n lütt beten schuulsch, as wenn se

seggen wulln: Waart ju, wi sünd lang ni so dumm, as wi utseet.
Wat den Gloven anbelangen dä, heel he dat meist mit de Türken, nich vunwegen Muhamed sien Paradiesfreuden – dar wuß he nix vun af – aver he dach as se: wat kamen schall, dat kümmt, Glück oder Unglück, man kann sülm nix darbi doon. Wenn dat Glück na'n Minschen rin will, denn helpt keen englschleddern Büx wat! Vör'n paar Jaarn harrn se vun 'n Verwandten ut de Stadt en Deel gode Möbelstücken arvt, de stunn'n dar in de lüt Kaat nu so ünner de Föten rum, un'n Deel darvun harr noch up'n Böön verstaut warrn mußt.
»Wenn wi nu'n orndli Huus harrn, kunn wi so schöön an Badegäst vermeden un den Sommer över'n nett Stück Geld verdenen. Lerer Knills hett dat ok al to mi seggt; de hett dat al Jaarn lang maakt«, harr Martha nu al so mennichmal Detl ünner de Näs reven.
Detl sä ni veel darto, smöök sien halflange Piep, schürrkopp so'n beten un sä: »Meenst dat? Wa schüllt wi bi en groot Huus kamen? Dar langt uns Geld ni half to.«
Detl weer sünst ni vör Striet; darför weer he bekannt. Wenn mal ener to em seggen dä: »Schull't noch Regen geven vundaag?« denn anter he: »Ja, kann ween; dat süüt höllschen lumpsch ut na'n Süüdosten to.«

Wenn aver de anner denn meen: »Dat Swarte dar günt hebbt wi hatt, 't blifft doch wul goot hüüt«, denn weer Detl ok glieks inverstaan un sä: »Ja, dat lööv ik ok meist; dat Wedder is so lich ni ümtobringen.«
Aver wenn em dat an den Geldbüdel gung, denn weer he hellisch taag, kunn mit den Ellbagen man swaar in 'e Tasch kamen. Un as sien Martha nu mal wedder darvun anfung, meen he: »Wenn de leev Gott uns'n nieg Huus todacht hett, denn kriegt wi ganz vun sülm een. He kann ja den ooln Kösel mal bi'n Gewitter to sik nemen. Wi sünd goot versekert mit all dat Möbelwark, wat wi hebbt. Denn so kunn man wul sachs mal an't Bugen denken.«
»Je, dar luur up«, meen Martha, »bi uns in't Eiderstedtsche sleit dat so lich ni in. Ja, wenn wi güntsiet wanen dän; dar in Dithmarschen is veel meer Unwedder, dat treckt jümmers de Eider lang, un bi jedes Gewitter brennt dat dar. Bi uns hett dat in de letzten twintig Jaar man eenmal brennt, günt na de Husumer Kant to un dar sän de Lüüd ok noch, de Buur harr wul mit de Rietstickenschachtel in de Hand den hartsten Slag aftööft.«
»Dar hest du recht«, sä Detl, »aver dat is nix för uns. Dar bün ik meer för'n kolen Slag.«
»Wat is dat, n' kolen Slag?«
»'n kole Slag? As Boy Jessen sien Ko enes Daags

doot up'e Fenn leeg, do harr de Tierdokter ut Garrn to em seggt, se harr wul'n Slag kregen, un up hochdüütsch hett he noch seggt: »Ja, ja, mein lieber Jessen, damit müssen wir uns abfinden. So etwas trifft uns öfter mal wie ein Blitz aus heiterem Himmel.« Boy hett dat ok as ›Blitz aus heiterm Himmel' anmeldt un dat Geld vun de Versekerung vull utbetaalt kregen. Un ik meen, wenn de leve Gott dat goot mit uns in Sinn hett, denn kann he uns ok je man mal'n kolen Slag schicken.«

Na en paar Weken – dat weer in de eersten Maidaag – dar leeg Detl in't Bett un sleep. Dat harr al'n Dag vörher düchdig störmt, un de Storm weer noch för dull in'e Gang. Dat weern Springtiden, dat Kapsand weer ünner Water un de hogen Bülgen harrn bet hoch an de Dünen slagen. Nu klopp dat bi Detl ant Finster: »Kumm gau rut, Detl. De Wind is vun Süüdwesten na Nordwest to dreit. Ik bün al an'n Strand wesen; dar is 'n groot Fatt andreven. Kumm mit dien lütten Handwagen runner!«

Detl ja gau rut un denn dörch de Dünen na'n Strand. Richdig, dar leeg'n groot Fatt un mit dre Mann hoch stunn'n se al darbi rum un wunnerwarken, wat dar wul in sien kunn.

Peter Untied meen: »Dat is seker en Fatt vun dat grote Schipp vull Wien- un Spritfööt, wat verleden Jaar bi Sylt sackt is, dat is nu tweislagen un de schöne Sprit kummt nu hier andreven. De kummt uns fein topaß. Man gau darmit up'n Wagen un denn na Detl sin Huus. Dat is neeg bi, un wi annern haalt Drachen un Emmers un denn wüllt wi foorts updeeln.«

Dat duurt ok keen Stunn, dar harrn se dat Fatt al up Detl sien Leemdeel. He kreeg'n paar Gläs her, un Peter, de ümmer den gröttsten Döst harr, sloog dat Spund rut, sett dat Hönken in un tapp een in. He drunk eerstmal to Proov, schüttelt sik bannig un meen: »Junger, de hett aver Füür in sik; dat is wul ganz ooln starken Schenever.«

Dat weer nu so bi lütten al Dag worrn un de Morgensünn schien klaar vun den blagen Hewen hendaal. De annern kregen ok een inschenkt, drunken un schüddeln sik noch duller as Peter de darför bekannt weer, dat'e düchtig wat afkunn.

Denn goot he de Gläs nochmal wedder vull: »Alle guten Dinge sind drei, denn kann de veerte ni schaden«, un fung an, sien Emmer vulltotappen.

De anner dre stötten noch mal an. Blots Detl trock 'n ganz kruse Snuut. He steek sik sien Piep wedder an, de em utgaan weer un wull jüß seggen, dat de Geruch em ni gefallen dä, de Kraam rüükt meist so as sien West domals, as sien Martha em dar mal'n Fettplacken rutmaakt harr.

Aver he keem dar gar ni eerst so rech mit togang,

weer je wul mit sien Rietsticken to dicht an de Gläs kamen. Tschschsch sä dat mit eenmal un ut de Gläs schoot'n grote Flammen tohöchd.
»Verdori, wat's dat?« schregen se all un smeten de Gläs dal. »Dat's schönen Schenever«, brüll Job Karstens, »dat is Benzin oder reinen Alkohol. Kiek, de Ammer brennt ok al, Gau rut mit dat Fatt.« Se stödden dat Fatt rup up'n Weg na de Graav rin.
Binn up de Deel stunn al allns in't vulle Füür; de Schenever, den he up'e Eer gaten harr, harr toeerst brennt; dat Füür kreeg den Ammer tofaten un denn weer keen Hooln meer. Dat Füür güng ok na buten to, densülvigen Weg, den dat Fatt namen harr – de Haan weer natürli nich todreit worrn – un dat duurt man'n ganz korten Stoot, dar geev dat buten en fürchterlichen Knall, dat Fatt explodeer, un bald weer de ganse Kaat een Füür.
Dar weer nix meer to redden, un as na'n Stunnstiet de Füürweer mit de Sprütt ankeem, harrn se wider nix to doon, as mit de langen Peekhakens de Muurn ümtoriten, um de Lüchen doot to kriegen. De Navers un'n gans deel Lüüd ut't Dörp stunn'n dar ok bi rüm un duurn un wunnern.
»Wa kann't blots angaan, wasaken is't denn kamen?«
»Ja«, seggt Peter Otto, de Leensmann, »waneer heß dat denn toeerst markt, wo hett't anfung'n?«

Martha harr wieldeß dar rümmerlopen, handslaagt un lamenteert, harr sik toletz up'n ool Gaarnbank sett un wider nix rutbröcht as: »Wa is't möglich, uns schöön Huus, mien schönen Möbeln. Allns hin, allns hin. Mi dröppt de Slag.« Un dat all so up'nmal, so stapelbots, as – »En Blitz ut heitern Himmel« wull se seggen, aver dat weer eer to hochdüütsch. So sloog se sik blots de Hann vör't Gesich un huul'n Stoot.
As Detl das Woort Slag höörn dä, dar muß he mit eenmal an Boy Jessen sien Ko denken un an dat, wat de hochdüütsche Tierdokter seggt harr.
Un as Peter Otto nu noch mal anfragen dä, dar sä he: »Je, ik weet ok ni. Dar harrn paar Navers bi mi inkeken un ik harr eer jüß'n lütten inschenkt, dar lüch dat mit'nmal up as Füür un denn geev dat'n fürchterlichen Knall, un denn stunn allns in vulle Flammen.«
»Wat is denn dat för'n Ding, wat dar buten in'e Graav liggt un brennt?«
»Ja, dat weet ik nich, dat brenn al foorts mit.«
»Dat's je snaaksch«, meen toletz de Leensmann, »de ganze Hewen is klaar, bina keen düster Wolk to seen, un denn Füür un Knall? Ik heff vun'n Gewitter nix markt, aver den Knall heff ik wul höört.«
»Ja, wi ok nich«, sän de annern. »Aver dat kümmt doch mal mit vör, dat bi ganz klaarn Himmel so'n harden Slag dalgeit.«

»Ja, ja«, reep Detl darmank un aten mal hoch up. »Dat mutt so ween sien, as bi Boy Jessen sien Ko, as de den kolen Slag kreeg, un dat keem mennichmal vör, so'n Blitz aus heitern Himmel.«

Ja, menen se denn ok toletz all: »En kooln Slag mutt dat ween sien!«

As Martha dat höörn dä vun den kolen Slag, dar full eer dat in, wat Detl vör'n paar Weken eer ut'neensett harr. Se neem de Hann vun't Gesich un sä ok: »Ja, ja, gans wiß; dat kann nix anners ween sien as'n kolen Slag. De leve Gott hett doch'n Inseen mit uns hatt«, sett sik lies för sik hento.

So stunn dat denn ok an'n annern Dag in de »Narichen.«

Detl hett ok dat Geld vun de Versekerung utbetaalt kregen. He wuß je ok ni, dat de Schiet, den se drunken harrn, vun sien Rietsticken anfungen weer to brennen. Dat kun nix anners wesen sien as en »kolen Slag!«

He un sien Martha hebbt denn noch'n twintig Jaar in dat nige Huus tohoop waant un hebbt ok an Badegäst vermeedt.

Nu sünd se beide al lang doot.

De Pött, de nich twei to krigen weern

Dokter Wunner in de lütt Stadt, bet wider landin, weer en heel gemütlichen Mann. He seeg jümmers vergnöögt dörch sien beiden hellen Brillengläs in'e Welt rin, un de meisten Kranken weern al half wedder gesund, wenn se blots sien fründli Gesicht in de Döör rinlüchen segen. He weer aver blangbi ok noch'n düchtigen fixen Keerl, de sin Kunst verstaan dä. So harr he denn'n ganzen Barg to doon un müß vun morrns bet avends ünnerwegens sien, üm all de intweiigen Minschen wedder tohoop to flicken.

Wenn he sik nu den ganzen Dag so afmaracht harr, denn seet he avends geern'n beten to Huus bi sien lütt Fru, de nu mit de Jaarn al wat kumplett un pummeli weer, snack'n Stremel Plattdüütsch mit eer – he stamm ut'n plattdüüsch Huus un much geern mit sien Kranken un ok to Huus en Mundvull Platt snacken – lees de Zeitung un rook darto een vun de echten swarten »Importen«. Un sien Fru, de harr dat prachtvull rut, em de paar Stunn to Huus so rech kommodig to maken, wenn se ok am leevsten »Hoch« snakken dä. Von dat Plattdüütsche heel se ni veel; dat weer je ni wiet her. All wat vun butenlands keem, dat harr se veel meer up Reken. Je wider her, um so beter weer't.

Darüm köff se, wenn eer Dokter ünnerwegens weer, ok ümmer allerhand Kraamstücken tohoop, wenn so'n Huseer in'n blagen Kittel, de wiet vun güntsiet de Elv herkamen weer, eer sien Saken wisen un eer düt un dat anprisen dä.

Dat weer dat eenzigst, wat unsen Dokter an sien Nikoline ni gefalln wull, un mennichmal, wenn he avends an't Huus keem un denn seen muß, wat se sik allns harr ansnacken laten, denn kunn he ni anners, denn schull he eer ut: »Aver, aver, mien lütt Nikoline, wat hest du di dar nu al wedder ansnacken laten!«

Aver se kunn nu mal ni anners. Wenn so'n Keerl so rech glatt un geel snacken dä, denn köff se em wat af; denn weert mal'n »Gassparbrenner«, de so sparsam brennen dä, dat'e överhaupt keen Gas dörlaten dä, denn en paar Snöörbänner, de ewig hooln schulln un al bi't twete Mal dörchreten oder ganz billige Böker, schöne Romane, bi de jedesmal, as sik bi't Lesen rutstell, so'n 50 bet 100 Siden feeln dän oder verkeert inhefft weern.

Un jedesmal, wenn se sik so harr ansmeern laten, denn grien eer Krischandokter eer dörch sien Brillngläs an: »Dar hest du di je wedder nett begriesmuuln laten. Do mi'n Gefalln un laat dat ool ewige Inköpen sien; dat leerst du doch ni meer, mien Deern!« Na, eer weer denn ok ümmer dat Wenen neger as dat Lachen, un se versprook em ok, se wull dat nu ok ganz gewiß nich wedder doon. Dat gung den nu ok'n ganse Tietlang goot.

Aver eens Namiddags, as se in de Köök steit un jüß wies worrn is, dat eer nige Kööksch, de smucke Trina, de jümmers dat Frigen in'n Kopp hett un in Gedanken wul wedder mit eern niegsten Brögam togang west is, wedder en schönen Poßlaanteller bi't Afdrögen dat Gnick afbraken hett, dar kümmt dar so'n Keerl rin mit'n blagen Kittel an un en swart side Mütz up'n Kopp, in de Aart as Johann Nutt, un up'n Arm driggt he'n gansen Hümpel nagelnige Steenpött.

»Wollen Se Töpfe kofen, Madam?«

»Nein, danke, ik habe noch von allen.«

»Eine janz neie Erfindung. Eigenes Patent! Unzerbrechliche Ware! Se können sik druff setzen un Se kriegen se nich entzwei. Wenn Se davon kofen, sparen Se 'ne janze Masse Jeld un'n janzen Berg Ärger. Passen Se uff, Madameken!« Un darbi fangt he nu an, all sien Pött, een na'n annern, all mit so'n eleganten Swung ut't Handgelenk na de Köök immer to kegeln, dat se man so mit Holterkapolter langs den Footborrn danzt. Un all bleven heel. Keen gung vuneen. Fru Doktern stünn ganz stiev un starr un wunner sik. Na!

Düt weer denn nu doch würklich gans wat Niges. So wat weer noch nich dar wesen.
Un in Stilln översloog se gau mal, waveel as de tapsigen Deerns eer in de letzten Jaarn all an Tellern un Pött an de Siet bröcht harrn, un waveel as se wul spaarn kunn, wenn se eer Köök mit düsse »Unzerbrechlichen« utstüürn dä. Den Dunner! Dat weer doch mal'n Saak. Nu wull se eern Mann doch mal wisen, dat se praktischer weer, as he dach.
»Wie teuer sind die Sachen?« fraag se un keek hellschen nielich den Mann sien Pött an.
Harr se den Ooln sülm en beten niper ankeken, denn harr se sach seen, dat ut sien root Gesicht rech so'n paar slaue, swienplietsche Ogen ruterschuuln, un denn weer eer ok wul upfulln, dat he sik bi de »Kegeli« heel dull bückt un de Pött so even över de Eer all mit densülwigen Kniff afseiln laten harr.
Aver dar harr se gar keen Oog vör; se weer gans verbaast över all de Pött, de he man eenfach so in de Köök rinsmeten harr un de alltohoop heel bleven weern. Ni mal'n lütten Sprung harrn se kregen. »Wenn Se die jewöhnlichen zerbrechlichen Töpfe kofen, denn müssen Se for dies Facon 'ne Mark jeben. Ich berechne mir mein Patent mit fünfzig Pfennige. Se bekommen also diese vollkommen unzerbrechliche Ware bei mir for eine Mark un finfzig Pfennige.«

»Dat is je ni heel veel meer«, dach se, maak in Gedanken noch mal'n lütten Överslag, waveel dat in ganzen utmaak, maal sik noch mal to Vermünnerung dat verwunnert dankbare Gesich vun eern leven Mann ut un sett denn luut hento: »Na, denn lassen Sie mir diese zehn Stück nur gleich hier!«

De Mann kreeg sien föftein Mark, steek se mit'n söten Grintjer in de Tasch un maak, dat he wegkeem.

Fru Doktern stell de nigen »unzerbrechlichen« Pött all en bianner up'n Kökendisch un kunn gar nich de Tiet aftöven, eern Mann mit de Dinger wat vörtoexeern. Lang schull se ok nich meer luurn. He keem al na'n Stunnstiet an't Huus, sett sien Godendagstock in'e Eck un wull sien Nikoline, as he dat wennt weer, to'n Willkamen en Lütten updrücken.

Dar süüt he eer dar mank all de nigen Pütt staan, un dar geit em ok je foorts 'n groot Talglicht up.

»Mein Gott, Nikoline, du steist dar je mank all dien Pött as en Kluckheen mank eer Küken, de övernacht utkrapen sünd. Wa büst du denn dar nu wedder bikamen?«

»Hier war ein Hausierer, lieber Christian, und weil die Töpfe so außerordentlich preiswert waren, habe ich sie ihm abgekauft.«

»Na, wat kost so'n Pott to'n Mark?« fröög he.

»Eine Mark fünfzig«, sä se, rech so'n beten vun baven hendal.
»Na, mien gode Deeren, denn hest du di ja doch wedder ansmeern laten. Ik dach, du weerst nu endli vernünftig worrn un vun de Koopsüük kureert, aver dar is je denn doch wul keen Hülp meer an.«
»Ja, das meinst du ja leider immer«, sä se gans stolt, »aber wart's nur erstmal ab, sieh dir die Töpfe erstmal ordentlich an, und dann gesteh, wie voreilig du mit deinem Urteil gewesen bist!«
»Na«, sä he, »denn scheet man mal loos, wat hett dat denn up sik mit de nien Pött?«
»Eine ganz neue Erfindung, lieber Christian, diese Töpfe sind vollkommen unzerbrechlich!«
»Dat weer wat!« meen he.
Aver se harr al den eersten un gröttsten vun'n Disch namen, faat em mit beide Hann an, böör em so'n beten in'e Höchde un knall em denn so rech mit'n Wuppdi up den Terrazzofootboorn dal. Knacks! sä dat, un in dusend Stücken hüppt de »unzerbrechliche« Pott in de Kööк rüm.
He keek eer an un denn den intweiigen Pott, un se keek den Pott un denn eern Mann an. Aver keeneen sä wat; beid harrn se de Spraak verloorn över so'n »Unzerbrechlichkeit«.
»Das muß Malheur gewesen sein!« sä se denn

gau; as se mark, dat he den Mund apen maak un wat seggen wull, neem se flink den tweten Putt un smeet den jütz so, aver ni ganz so dull, vun baven dal.

Knacks, sä dat ool Ding un weer jüß so intwei as de eerste.

»Na, mien Deern«, seggt ool Dokter Wunner, »so bliev man noch'n Viddelstunn bi, denn mööt wi uns ut düssen ›Urnenfriedhof‹ noch toletz wedder utgraven laten«, un denn stell he sik mit'n Rüch gegen de Kökendöör, heel sik mit beide Hann den Buuk fast un lach, dat em de Tranen lanks de Backen leepen.

Sien Fru kemen ok de Tranen in de Ogen, man nich vör Lachen. Se kunn un wull dat noch jümmers nich glöven, dat se so schändli ansmeert weer, un versöch dat ut luter Vertwifeln noch mal mit'n drütten Putt, leet em aver man so even falln.

Aver ok de gung in Stücken, un nu kreeg de gode Fru Doktern dat mit en fürchterliche Wuut, trampste mit'n Foot up'e Eer un reep, dütmal sogar up Plattdüütsch: »De verdreite Keerl, nu hett he mi doch bedragen!« Un denn kreeg se mit beide Hann glieks twe frische Pütt to faten un baller se knacks! an de Eer. »Dar!« un denn wedder twe: »Dar!« un noch twe: »Dar!« un darbi rulln eer de dicken Tranen man so de vullen Bakken hendal.

Un nu wull se jüß togripen un den letzten Putt ok noch um'e Eck bringen. Aver do full eer Mann, de sik so bi lütten wedder verhaalt harr, eer in'n Arm un sä: »Nu hool Puuß, mien Deern; du hest nu noog vun de armen, unschülligen Dinger umbröcht. Enen vun de dare ›Unzerbrechlichen‹ mööt wi uns doch egentlich uphegen. Kiek mal, tokamen Jaar, denn fiert wi je uns sülwern Hochtiet. Un denn maakt wi, as damals, ok wedder'n Polteravend. Denn kriegt wi den ›Unzerbrechlichen‹ vull Water un denn schall Trina em vör de Döör tweismiten. Denn knallt dat noch mal so dull as hütt. Un nu kumm, mien Deern, laat di dat nich wider leed doon! De ool Keerl, de hett bi de Puttsmieteri natürli so'n egen Griff hatt. Wenn he di den ok leert harr, denn harrst du Trina em ja wedder bibringen kunnt, un denn harr dat mit dat Patent je ok sien Richtigkeit hatt.
Un nu wees man wedder still, mien Deern, feeg den intweiigen Kraam tohoop, nimm den letzten ›Unzerbrechlichen‹ un kaak uns darin to'n Avendbroot en gode Pottschoon Puulkantüffeln. Ik heff wul al so'n Anung hatt. As ik bi Koopmann Meier vörbigüng, heff ik'n paar schöne Matjeshering mitnamen. Ik glööv, de warrt uns beiden hüüt abend na düt grote ›Zerwürfnis‹ goot smecken!«